HISTOIRE DE MAILLEZAIS,

depuis

Les Temps les plus reculés jusqu'à nos Jours,

Par Charles Arnauld,

CORRESPONDANT DU MINISTÈRE DE L'INSTRUCTION PUBLIQUE POUR LES TRAVAUX HISTORIQUES.

DE LA FONTENELLE DE VAUDORÉ,

Correspondant de l'Institut (Académie des inscriptions et belles-lettres), Membre non résidant du Comité historique des Chartes et de plusieurs Sociétés savantes françaises et étrangères.

Tribut de mon respectueux Dévouement.

Charles Arnauld.

ERRATA.

Page 72, ligne 13, au lieu de *tous*, lisez : *toutes*.
—— 85, ligne 7, au lieu de *cette*, lisez : *cet*.
—— 88, ligne 5, au lieu d'*Engilbert*, lisez : *Engelbert*.
—— 129, ligne 12, au lieu de *Geffroy*, lisez : *Gefroy*.
—— 101, ligne 4, au lieu de *Vendagiaco*, lisez : *Vendengiaco*.
—— 155, ligne 21, au lieu de *romaine*, lisez : *romane*.
—— 163, ligne 10, après *ne savaient*, ajoutez : *point*.
A la légende du plan de l'église, au lieu de *pour monter aux cloches*, lisez : *clochers*.

HISTOIRE DE MAILLEZAIS.

CHAPITRE I.

Maillezais. — Les Colliberts. — Le duc d'Aquitaine et son épouse Emma. — Construction d'une église. — Querelles de Guillaume et d'Emma. — Consécration d'un monastère. — Son établissement à la fin du dixième siècle. — Un Italien vient à Maillezais. — Sa mort. — Guillaume V et Théodelin. — Ses différends avec l'abbé de Bourgueil, leur réconciliation. — Proposition faite à Théodelin par le duc d'Aquitaine.

PLACÉE dans l'ancien pays des Agesinates Cambolectri et sur les rives du Bas-Poitou, l'Ile de Maillezais, qui fait partie du département de la Vendée, est entourée par l'Autise, la Sèvre et de vastes marais. Ce fut au sixième siècle que les eaux de la mer essayèrent, pour la première fois, de s'éloigner de ses rives (1). Cette terre, maintenant découverte et nue, était alors envahie par une forêt profonde où les glands tombaient en abondance pour la nourriture d'innombrables sangliers. Ce pays, où l'on compte aujourd'hui plusieurs villages, était au dixième siècle presque inhabité (2); cependant, sur une hauteur, à l'ombre des chênes et des hêtres, il y avait eu, au temps de Grégoire de Tours, un pauvre moutier dont plusieurs parties tombaient en ruines. Le chroniqueur Pierre, qui parle encore d'une autre église, rapporte, d'après une tradition douteuse, qu'elle avait été bâtie par saint Pient; on prétendait aussi qu'elle avait été construite par les infortunés Colliberts.

En effet, c'est à l'extrémité de l'Ile de Maillezais, sur les bords de la Sèvre, que vivaient ces uniques débris de l'ancienne et primitive popu-

---

(1) *Histoire de Niort*, tom. I, p. 9.
(2) *Decrant incolæ*. PETRUS MALLEACENSIS, tom. II, p. 223.

lation du Bas-Poitou. Les Colliberts (têtes libres) avaient pour toute fortune des barques, des filets, quelques cabanes; encore étaient-ils obligés de les abandonner souvent à l'immersion des eaux (1); ces déplorables restes des Agesinates Cambolectri erraient alors sur les grèves désertes, mais ils étaient libres, ils avaient à discrétion l'air, le soleil, la mer, et nul dans ce monde ne pouvait leur imposer de serviles travaux. Comme ils vécurent loin des hommes à l'abri de la verge féodale, un moine les nomma haineux, indociles, barbares (2). Habitué à l'obéissance passive, n'ayant pour tout plaisir que le jardin d'un cloître, le chroniqueur Pierre ne dut rien comprendre à leur liberté sauvage; passons. Après une lutte héroïque, les infortunés Colliberts avaient péri presque tous sous le fer des implacables Normands (3); car au neuvième siècle, c'était dans l'Ile de Maillezais que les barbares du nord venaient descendre; qu'ils amarraient leurs barques et

---

(1) Dufour, *de l'Ancien Poitou*, p. 121.
(2) *Implacabiles, crudeles, indociles.* Petrus Malleacensis, p. 225.
(3) *Horum gladio deleta canitur maxima multitudo.* Petrus Malleacensis, p. 225.

qu'ils se mettaient à l'abri des troupes de l'Aquitaine. Mais bientôt des ducs puissans comme des rois s'y mirent sous les armes, et à la vue des tours et du donjon, gardés par leur puissance, les barbares disparurent. Alors tout changea, la garnison fut porter ailleurs ses armes et son courage, et ses chefs qui n'avaient plus rien à faire, se livrèrent avec ardeur aux plaisirs de la chasse (1). Aussi ces lieux sont-ils chers aux ducs de l'Aquitaine, quand la paix est proclamée ; quand le poids de la puissance les fatigue et les lasse, ils arrivent, et là, sur les bords fleuris de la Sèvre et de l'Autise, ils oublient les soins du pouvoir, les fatigues de la guerre.

Wilhelm (2) ou Guillaume vient d'épouser la fille de Thibault comte de Blois et de Chartres, la savante Emma (3). Les noces sont à peine achevées que le chef de l'Aquitaine emmène sa duchesse. Où va-t-il? Dans l'Ile de Maillezais, là, où d'innombrables bêtes gémissent et grondent sur la rive embaumée.

(1) Manuscrit de BOURGEOIS, p. 86.
(2) Dans la langue tudesque on disait Wilhelm, protégeant volontiers.
(3) BESLY, p. 46.

De temps en temps, un énorme sanglier sort du fond des bois et parcourt lentement la lisière de la forêt. Ce hardi visiteur semble ne rien redouter, il brave les chasseurs les plus intrépides, il se joue de leurs efforts, et de jour en jour il devient plus hardi. A la vue de tant d'audace, la foule se réunit et s'excite. Gaucelin, un guerrier vaillant et fort, saisit son épée, se précipite et disparaît (1); enfoncé dans un hallier presque impénétrable, arrivé seul à d'épaisses broussailles, il voit s'éclipser le farouche animal. Vainement les épines sont épaisses et le déchirent, son épée tranche, fauche, et par un large passage, il pénètre, il arrive pour rencontrer d'effroyables défenses et une énorme bête qui s'accroupit sur des autels à demi renversés. A leur aspect, Gaucelin frémit et se trouble; car son imagination si vive, qui lui fait partager la crédulité de son siècle, lui crée tout à coup de singuliers fantômes. Heureusement les chasseurs arrivent de tous côtés, et ils se montrent les uns aux autres le chemin qu'on vient d'ouvrir. Ils s'y précipitent, et bientôt

(1) *Gaucelinus corporis robore clarus.* PETRUS MALLEACENSIS, p. 224.

ils ont face à face les restes d'une église et l'infortuné Gaucelin qui leur dit d'une voix défaillante : Ce n'est point un sanglier, c'est un ennemi qui m'accable et m'obsède, c'est le démon peut-être ; amis, je n'y vois plus (1). La douleur fut grande, et le malheureux, transporté par ses compagnons, arrive près d'Emma. Ce n'est rien, dit-elle, il faut voir ; et rapide, elle se rend dans le lieu qui semble si funeste. Là, elle rencontre les murs d'une crypte et des autels détruits par le temps et les pluies (2). De retour auprès de Gaucelin, la bienveillante duchesse l'exhorte et l'encourage, ensuite elle ordonne de faire deux cierges, elle les fait allumer dans les ruines, et le malade y fut porté par ses compagnons pour prier et veiller jusqu'au moment où le sommeil le força de livrer au repos ses membres accablés. Le lendemain, au lever du jour, le chevalier rassuré par son propre courage, avait retrouvé la vie et la santé; mais lui, qui croit à un miracle, s'agenouille et rend grâce au ciel (3).

(1) *Nox lumen amisit.* PETRUS MALLEACENSIS, p. 224.
(2) *Parietibus criptarum.* Ibid., p. 224.
(3) *Benedicens Dominum.* Ibid., p. 224.

Emma saisit une occasion qui lui semble si belle ; ce qu'elle a vu au fond du hallier, elle le raconte avec enthousiasme, elle parle avec transport des autels en ruines, de Gaucelin, de ce qu'elle appelle sa merveilleuse résurrection. Wilhelm, dit-elle, dans tout cela je vois la volonté du ciel, c'est lui qui vous inspire et veut vous guider à des faits glorieux, il faut donc relever cette église, la rendre au culte et construire un asile où ceux qui sont tristes, où ceux qui n'aspirent qu'à Dieu puissent prier et mourir. Les soins de votre duché, les travaux de la guerre vous appelleront sans doute ailleurs. Eh bien ! moi, je reste, si vous le voulez, pour veiller jour et nuit à cette noble entreprise (1).

Une terreur religieuse qui régnait alors favorisa d'une manière puissante les projets d'Emma. Tous les esprits frappés d'une idée douloureuse ne songeaient qu'à la mort, car ils croyaient que le monde allait finir ; aussi les souverains, les particuliers dédaignaient les biens de la terre, s'en dépouillaient avec joie pour en acquérir au ciel

---

(1) *Si jubes erit, operi incumbere.* Petrus Malleacensis, p. 224.

de plus sûrs et de meilleurs (1). Le duc d'Aquitaine qui partage les croyances de son siècle, accorde tout; sur-le-champ la dépense est réglée, les ordres sont donnés et l'œuvre va commencer. Emma fait chercher alors de tous côtés les ouvriers les plus habiles, elle les rassemble, et pendant que les pierres se réunissent sous leurs mains et que les chênes sont frappés dans leurs racines, les ruines, qui avaient servi de retraite au farouche sanglier, sont lavées et bénites (2).

Déjà les murs du nouveau monastère, de la nouvelle église, commencent à s'élever; déjà les ouvriers préparent les bois destinés à la couverture, quand tout à coup de pénibles clameurs volent de bouche en bouche. Wilhelm est arrivé de la Bretagne, il est passé par Thouars, il en a vu la vicomtesse, il aime cette autre femme. Poursuivie par la plus sombre jalousie, Emma

---

(1) MICHELET, *Histoire de France*. Dans les preuves de l'Histoire de Bretagne on trouve un grand nombre de chartes de Donation aux églises, qui commencent par ces mots : *Mundi termino appropinquante, ruinisque crebrescentibus.*

(2) *Mundato et emerso loco fundamenta conjecit.* PETRUS MALLEACENSIS, p. 224.

s'irrite de plus en plus. Pour comble de malheur, elle traverse au bout de quelques jours les terres de Talmond où elle rencontre sa rivale; à cette vue elle se précipite sur la vicomtesse, la renverse et la livre toute entière aux plaisirs de ses gardes (1). Guillaume transporté de colère confisque les biens de son épouse, chasse les ouvriers de Maillezais, brise toutes ses promesses, pille, détruit et abandonne à ceux qui le suivent les objets destinés à la nouvelle église; car la vie de ces vieux temps était rude, à tout elle donnait des luttes et des revers, aux choses de Dieu comme à celles de l'homme.

Différens historiens, entre autres Anselme, contestent la vérité des querelles de Guillaume et d'Emma, mais le docte Arcère et les auteurs du *Gallia christiana* les ayant admises, j'ai fait comme eux. La tempête finie, Emma revint ; et la joie fut grande parmi le peuple, car depuis deux longues années, suivant le chroniqueur qui rapporte ces faits, le malheur seul s'était levé pour lui. Les époux réunis, la duchesse retourne à son

(1) *Et commitentes ut libidinose et toti abuterentur concitat.* PETRUS MALLEACENSIS, p. 225.

activité première, et Maillezais retrouve de beaux jours. Maintenant, dit Emma, établissons-là des moines bénédictins, de ces religieux qui puissent servir en même temps Dieu et les hommes; alors avec le consentement du comte son époux, elle fait venir de Tours et du couvent de Saint-Julien-Martyr, l'abbé Gauzbert, son parent et son ami. « Voici, lui dit-elle, un mo« nastère et une église que je viens d'élever et « qui sont déserts encore, pour eux je voudrais « treize frères, je les veux de votre monastère. » L'abbé, qui fut autrefois comblé de biens par Emma, se rend à tous ses vœux; parmi les religieux qu'il lui donne, on remarque le sage Théodelin. Ce moine, qui descend des Juifs, mais qui naquit sur la terre des Gaules, fut dressé, dès son enfance, à la discipline la plus sévère, il se distingue par son esprit, sa modestie et sa pieuse austérité (1); aussi fut-il nommé directeur du monastère de Maillezais, par Gauzbert qui ne conserva pour lui que le titre d'abbé (2).

(1) *Hebreus natione, Gallus modestiâ ornatus.* PETRUS MALLEACENSIS, p. 229.

(2) *Nova Gallia christiana*, tom. II.

Quand tout fut prêt, les moines arrivèrent à Saint-Pierre, on leur donna leur nouveau monastère, on leur donna encore une petite portion de terre qui s'étendait depuis le vieux chemin jusqu'aux marais du nord. Wilhelm garda le reste de l'Ile pour s'y livrer au plaisir de la chasse (1). Au bout de quelques jours, des évêques en grand nombre se réunirent à Maillezais pour rédiger les chartes destinées à rappeler la fondation nouvelle; plusieurs les signèrent, entre autres le vicomte de Thouars. Ces nombreux témoins, on les appelait, les uns pour déclarer au besoin qu'ils avaient vu écrire ces actes dont la forme était alors si claire, et les autres pour attester qu'ils y avaient placé les lacets, les croix; d'autres enfin, pour en assurer l'exécution en cas de trouble et d'empêchement : ensuite, pour ajouter à leur solennité, on choisissait un jour de fête pour les lire à l'église, en présence de tous (2).

Bientôt l'archevêque de Bordeaux, nommé Gombaud, arrive, et à la tête de tout son ordre,

(1) *Totum insulæ corpus sibi venandi causâ retinuit.* PETRUS MALLEACENSIS, p. 226.

(2) MEZERAI, tom. IV, p. 121.

il célèbre avec pompe la consécration de la jeune église. Pendant que le duc d'Aquitaine conduit le clergé à la bénédiction de sa chapelle particulière, consacrée à Saint-Hilaire, Emma retient l'évêque du Poitou, et, en sa présence, elle cache, dans la partie gauche du monastère, des reliques qu'elle avait réunies avec soin. Après, elle s'agenouille devant le principal autel, pour renoncer sans regret à tout ce qu'elle avait reçu de son mari dans les environs, c'est-à-dire à la terre de Pui-le-Tard et aux serfs qu'elle avait amenés de son pays; elle les donne aux religieux, et joyeuse, elle se retire (1).

Telles sont les circonstances qui présidèrent à la fondation de l'abbaye de Maillezais dans l'endroit où se trouve maintenant Saint-Pierre-le-Vieux. Son existence remonte à la fin du dixième siècle (avant 990), car ce fut à cette époque qu'Emma construisit le monastère de Bourgueil, et ce fut auparavant qu'elle fonda celui dont nous allons raconter l'histoire (2).

Vers ces temps, un Italien vint se réunir aux

---

(1) *Laeta discessit.* PETRUS MALLEACENSIS, p. 226.
(2) *Gallia christiana*, tom. II, 1362-1363.

moines de Maillezais; cet habile étranger, ayant prodigué ses soins au duc d'Aquitaine, accablé par les douleurs de la goutte, fut assez heureux pour diminuer les souffrances de Guillaume, mais il n'en voulut rien recevoir si ce n'est une petite portion de terre située dans l'antique forêt pour construire un oratoire et une cellule en l'honneur de la Vierge. Le duc y consentit et le pieux solitaire fonda une petite église sous le nom de Notre-Dame-de-Lihé (1). La réputation du moine médecin s'étant répandue de tous côtés, il fut obligé de porter ses soins au seigneur de Mervent; c'est là que le saint homme sentit les approches de la mort; mais il lui semble triste de mourir sur cette terre étrangère, il veut revoir encore sa solitude chérie. Enfant, dit-il à celui qui ne l'abandonne plus, broie ces drogues, mêle un peu de vin et prenons bien vite le chemin du retour; ils partent, et à chaque fois que la mort se présente, le saint homme boit un peu; quand une faiblesse nouvelle fait trembler ses pas à peine raffermis, encore, dit le moine, donne

---

(1) DE LA FONTENELLE, dans la *Revue anglo-française*, tom. I, p. 214.

enfant, donne, il faut aller plus loin, il faut porter ailleurs ma dépouille mortelle, ainsi, tantôt buvant, tantôt marchant et priant, le religieux arrive à sa chère retraite ; enfant, ta corvée est finie, laisse le vase, je puis mourir, et le moine, après avoir jeté un dernier regard sur les lieux qu'il a tant aimés, sortit de ce monde paisible et content (1).

L'église de Saint-Pierre est à peine achevée que la persécution vient s'asseoir sur le seuil de ses portes ; car de nouvelles querelles s'étant élevées entre la comtesse et le comte du Poitou, celui-ci, pour s'en venger, proscrivit les moines et soumit leur monastère à celui de Saint-Cyprien de Poitiers.

Heureusement pour les fils de saint Benoît qu'au fondateur de Saint-Pierre a succédé Wilhelm V, dit le Grand. Ce comte, ami des ordres religieux et des prêtres, se plaît à fonder des monastères, à construire des églises ; aussi la couronne ducale est à peine sur sa tête, qu'à la sollicitation de sa mère, il rappelle les proscrits de Maillezais

---

(1) PETRUS MALLEACENSIS, p. 226.

et leur permet de rentrer dans leur première église (1).

A la voix de Guillaume, Théodelin revient aussi pour reprendre la direction du monastère de Saint-Pierre ; aussitôt son arrivée, le pieux cénobite examine, interroge, et bientôt il inspire ces confidences intimes où l'âme se dévoile toute entière. Déjà il règne en maître sur tous les cœurs, car il flatte les sentimens des uns, les passions des autres, et moine habile, il sait conquérir les puissans par d'adroites offrandes ; les autres hommes, il les domine par une insinuation douce et bienveillante : ses soins s'étendent sur tous ses frères, il leur partage ses faveurs avec tant d'adresse, que chacun croit avoir la préférence dans le cœur de son chef (2).

Tandis que sa renommée devient de plus en plus florissante, tandis que sa probité va toujours en croissant, de misérables délateurs le dénoncent et s'écrient : C'est un tyran, c'est un ambitieux, sa libéralité n'est plus qu'un mensonge, il n'agit que pour acquérir des honneurs, il ne pense

---

(1) *Manuscrits de* FONTENEAU.
(2) PETRUS MALLEACENSIS *apud* LABBE, p. 229.

qu'aux vanités de la terre. Frappé par ces bruits étranges, l'abbé de Bourgueil, qui veut se venger et punir, se précipite en toute hâte sur la route de Maillezais. De son côté, rassuré par sa propre conscience, Théodelin s'avance au-devant de son chef : parvenu près de lui, il s'arrête et s'incline; mais le fier prélat qui croit à tant de calomnies, le laisse à genoux dans la fange, et détourne la tête. Cependant l'homme de Dieu reste calme (1); je reste, dit-il, car je veux attendre, pour me relever, la volonté de celui qui m'opprime.

L'abbé de Bourgueil, lui, marche toujours, mais ceux qui l'accompagnent répètent à tout moment de graves paroles. Les uns remplis d'admiration et de piété, les autres profondément affligés de l'humiliation qui tombe sur l'un de leurs frères, versent des larmes abondantes et adressent à leur chef de douloureux reproches. Cependant, frappé par les discours de ses moines, l'abbé de Bourgueil dit à l'un d'eux : Retournez sur vos pas, que cet homme se lève, je l'attends (2).

(1) *Vir Dei Theodelinus.* PETRUS MALLEACENSIS, p. 229.
(2) *Ibid.*, p. 229.

Le lendemain, l'accusateur et l'accusé furent cités en justice, mais Théodelin parut seul, ses ennemis tremblans avaient pris la fuite; aussi le jugement fut bien court : après quelques explications, l'abbé de Bourgueil s'adressant au religieux de Saint-Pierre, lui dit : Je reconnais mon erreur, des jaloux vous ont calomnié, vous êtes innocent, mon fils. A ces mots, le prélat se lève, le voilà maintenant près de Théodelin, humble et suppliant, à son tour demandant grâce (1). A cette vue, le moine de Saint-Pierre-le-Vieux se jette aux pieds de son supérieur et reçoit à genoux ses vertueuses excuses. Mon fils, reprend le prélat de Bourgueil, vos vertus sont grandes, continuez votre œuvre de bien, allez toujours, allez dans votre voie, ferme et sans crainte. Au bout de trois jours, l'abbé partit; de retour à son monastère, il envoie à Théodelin des pouvoirs plus grands, et peu après, il va se reposer dans la mort des fatigues de ce monde (2).

Vers ce temps, Wilhelm-le-Grand vint à Maillezais ; à la vue du monastère, il se ressouvint

---

(1) *Veniam supplex ei postulavit.* PETRUS MALLEACENSIS, p. 250.

(2) *Theodelino fratri multo plura committuntur. Ibid.*, tom. II, p. 250.

2

des promesses qu'il avait faites à sa mère, et il résolut de combler de biens son église chérie. Comme les possessions en étaient déjà nombreuses et semblaient réclamer un abbé, il songe à celui qui pour elle a supporté tant de labeurs (1); il appelle Théodelin et lui révèle ses destinées nouvelles; mais le modeste religieux répond qu'il doit obéir aux règles de son ordre et qu'il ne peut recevoir aucun titre sans la volonté, sans la permission de ses frères. Alors les cénobites de Maillezais, remplis de respect pour le chef de l'Aquitaine, s'empressent de consentir à l'élection qu'il demande. Guillaume satisfait convoque l'évêque de Poitiers, et ensemble ils élèvent Théodelin à l'honneur de gouverner en maître le monastère de Saint-Pierre (2).

(1) *Theodelino qui multos eo in loco sustinuisset labores.* PETRUS MALLEACENSIS, p. 250.

(2) *Ibid.*, p. 250.

CHAPITRE II.

—

Conduite de Théodelin. — Son entretien avec Guillaume ou Wilhelm. — Il obtient la destruction du château. — Construction d'un nouveau monastère. — Description de l'église. — Voyage de Théodelin à Saint-Jean-d'Angély. — Les reliques de saint Rigomer. — Le duc d'Aquitaine vient à Maillezais. — Il y meurt. — Ses obsèques. — Malheurs de Théodelin. — Sa mort.

Parvenu à la dignité d'abbé, Théodelin redouble de zèle et de sollicitude. L'église est à peine achevée, elle est jeune, elle est blanche, n'importe, il y travaille, il l'augmente, il l'embellit encore. Ce fut au milieu de ces soins, qu'il fut visité par un habitant de Mareuil; cet homme riche et puissant arrive apportant à la fois sa confiance et de l'or, il fit bien, car Théodelin lui conserva sa fortune qu'il eut perdue peut-être.

L'abbé de Saint-Pierre, convaincu que les grands de la terre peuvent seuls enrichir son monastère, prend la résolution de s'en approcher le plus possible, et surtout il songe à gagner les bonnes grâces du chef de l'Aquitaine; il obéit avec empressement à ses moindres ordres, il lui rend les hommages les plus empressés, les honneurs les plus attentifs. Déjà dans les affaires les plus importantes Wilhelm le consulte comme un favori, il croit à ses conseils; il oublie même les avis des grands de sa cour, et lui donne les plus belles promesses, l'espoir des plus riches possessions. L'abbé Théodelin reçoit ces confidences avec calme, car il attend avec patience le but qu'il se propose, toujours il craint de trop se hâter, de brusquer la fortune. En effet, malgré les faveurs, malgré la considération dont il jouit, une pensée inquiète le suit toujours, sans cesse il aperçoit des tours, des remparts, toujours il a devant les yeux la forteresse de Maillezais, c'est sa terreur à lui. Le comte en effet peut mourir, et un tyran farouche s'asseoir sur ces tours puissantes, et dans ses jeux ce tyran peut disperser, piller, dévaster (1); alors la jeune abbaye disparaît sous ses ruines, et la munificence des princes passe et se fond dans les mains d'un soldat. Pendant ces tristes rêves de Théodelin il y eût une alerte à ce château, objet de tant de craintes : c'était la nuit, les gardes épouvantés crient d'une voix confuse, ils appellent leurs compagnons aux armes; l'ennemi est arrivé dans l'île! le monastère est incendié! le feu dévore l'église! heureusement ce n'était qu'un météore, qui, après avoir plané sur l'abbaye, avait semblé descendre sur elle (2).

L'abbé Théodelin cherche alors une occasion favorable pour parler de ses craintes au duc de l'Aquitaine, il se rend à sa cour, et le rusé courtisan adresse à son souverain de séduisantes paroles. « Vos intérêts, lui dit-il, me sont chers, je « dois veiller pour vous, pour mon troupeau dont « l'avenir m'inquiète. Wilhelm, vous avez accompli les volontés de votre mère, vous avez

---

(1) *Valdè metuebat ne post ducis discessum aliquis tyrannorum illud fraudulenter irrumperet.* PETRUS MALLEACENSIS, p. 251.

(2) *Ibid.*, p. 251.

« rendu le monastère de Saint-Pierre, mais l'île
« renferme une forteresse soumise à votre puis-
« sance, si vous la conservez toujours, si vous
« n'ordonnez pas qu'on la détruise, elle devien-
« dra funeste à vos sujets de l'abbaye; mais si vous
« l'abandonnez, ce qui nous effraie, ce qui nous
« inspire de funestes idées, deviendra l'asile des
« pauvres et servira de route pour conduire au
« ciel(1). » Frappé comme d'inspiration par ces
paroles, le duc lui répond : « Le château est à
« toi, mais pour prix de ce présent tu bâtiras une
« église grande et belle. » Théodelin, au comble
de ses désirs, veut les assurer pour jamais, et il
demande avec instance un acte pour tout confirmer. J'y consens, dit le comte, ma donation
doit être à l'abri des vicissitudes, des regrets;
aussi fit-il écrire :

« Moi Wilhelm, duc d'Aquitaine, pour le
« salut de mon âme, je fonde un monastère en
« l'honneur de Saint-Pierre (2). Moines, la règle
« de Saint - Benoît sera votre guide, nul ne

---

(1) *Manebit pauperibus in refugium efficiatque limen quo rapiatur cœlum.*
Petrus Malleacensis, p. 232.

(2) *Charte d'Arcère*, tom. II, p. 663.

« pourra vous imposer de chef; votre abbé vous
« le prendrez parmi vous; s'il n'en est pas un qui
« soit digne de ce beau titre, vous chercherez ail-
« leurs. La piété, la vertu, décideront seules de
« vos suffrages. L'élu de votre choix devra crain-
« dre Dieu, chérir ses frères, ne distribuer qu'à
« eux seuls les présens que je vous fais. S'il de-
« vient injuste, dissipateur; s'il méprise les
« moines ses enfans, vous irez à Rome pour le
« déposer, le couvrir de honte, le charger d'ana-
« thèmes (1). Comme les richesses ne suivent
« point les morts, et pour que les frères soient à
« l'abri des inquiétudes de ce monde, je donne
« l'Ile de Maillezais toute entière, la Sèvre jusqu'à
« l'Ile-d'Elle, toutes les écluses qui s'y trouvent;
« j'ajoute ensuite Osay, Souil, Fraigneau, Cha-
« lais, Sauvéré, l'Hermenaud, Sérigné, la moitié
« de Petoces, de Surgères, de la Tulée près
« Velluire. Toutes ces terres seront libres et
« ceux qui les cultiveront seront libres aussi.
« Délivrés des charges publiques, il n'y aura pour
« eux, ni guerre, ni corvées. L'abbaye sera un

(1) *Charte d'*ARCÈRE, tom. II, p. 664, 2e col.

« asile impénétrable, on n'y pourra même entrer
« sous le prétexte d'y chercher les assassins, les
« voleurs, les incendiaires (1).

« Maillezais ne reconnaîtra que l'église de
« Rome ; nous irons à Rome, Théodelin, pour
« soumettre l'abbaye à l'église des apôtres, elle lui
« paiera tous les ans vingt livres de cens qu'elle
« placera sur le principal autel, et ce présent sera
« un souvenir (2). Maintenant, je prie Dieu et
« mes successeurs de respecter mes volontés et
« mes offrandes. S'ils veulent participer au béné-
« fice de mon œuvre, qu'ils l'entretiennent, qu'ils
« l'augmentent. S'il existe un audacieux capable
« de troubler mes dispositions, qu'il soit excom-
« munié, et que saint Pierre lui ferme les portes
« du ciel. »

Cet acte fut fait à Poitiers, au mois de juillet
de l'an 1003, au temps où Robert régnait sur les
Francs (3). L'année suivante, cette charte fut lue,
signée à Rome; peu après, Théodelin et le duc
d'Aquitaine se rendirent à la ville éternelle; et

---

(1) *Charte d'*ARCÈRE, tom. II, p. 664.
(2) PETRUS MALLEACENSIS *apud* LABBE, tom. II, p. 255.
(3) *Charte d'*ARCÈRE, tom. II, p. 663.

quand l'homme de Dieu eut exposé au pape Sergius les présens, les volontés du comte de Poitou, le prince des apôtres lui demanda : Ce que vous dites, est-il vrai ? Guillaume se leva, et répondit : C'est vrai. Alors Sergius accepta l'abbaye ; et, pour preuve, il fit faire deux titres, l'un pour l'abbé Théodelin, l'autre pour appartenir à la bibliothèque, où venaient s'entasser les archives du monde. Quand tout fut fini, quand Théodelin et le duc d'Aquitaine eurent reçu la bénédiction du Saint-Siége, ils partirent. Aussitôt son retour, le chef du Poitou détruisit de fond en comble le château de Maillezais : le premier, même, il ordonna de creuser à sa place les fondemens du nouveau monastère (1) qui s'éleva à l'une des pointes de l'Ile, sur un rocher suspendu près des eaux. C'est là que de pieux cénobites viendront retrouver bientôt le silence qui leur est si cher ; c'est là qu'ils pourront prier en paix, au sein de la solitude, et le soir écouter le bruit des flots qui gémissent, et le vent qui murmure dans l'immensité des bois.

---

(1) PETRUS MALLEACENSIS *apud* LABBE, tom. II, p. 233.

A cette époque, les Normands sont passés, la fin de ce monde n'est plus redoutée, le onzième siècle commence; et avec lui le goût des arts, qui avait péri presque tout entier, se dispose à renaître (1). De toutes parts on se reprend à la vie, on se remet à l'œuvre. « Près de trois ans après « l'an 1000, dit Glaber, dans presque tout l'uni- « vers, surtout dans l'Italie et les Gaules, les ba- « siliques des églises furent renouvelées, quoique « la plupart fussent encore assez belles pour n'en « avoir nul besoin. Et cependant les peuples « chrétiens semblaient rivaliser à qui éleverait les « plus magnifiques. On eût dit que le monde se « secouait et voulait dépouiller sa vieillesse, pour « revêtir la robe blanche des églises (2). » Tout prenait part à cette rénovation, le peuple et les grands; le roi Robert donnait l'exemple, il réparait les vieilles églises, il en construisait de nouvelles. C'est ainsi qu'une révolution dans les arts préside à la naissance de la basilique de Saint-

---

(1) De Caumont.

(2) *Erat enim instar ac si mundus excutiendo semet, rejectâ vetustate, passim candidam ecclesiarum vestem induerat.* Ranulphe Glaber *apud* Duchêne, tom. IV, p. 27 et 28.

Pierre, dont on admire encore aujourd'hui les sublimes débris. Théodelin en fut sans doute le principal architecte; car alors les ecclésiastiques les plus distingués dirigeaient eux-mêmes la construction de leurs saintes retraites destinées à tant de gloire et de revers.

On travailla avec tant d'activité, que le monument était achevé et servait à l'exercice du culte en 1007, selon quelques choniqueurs; en 1010, selon d'autres. Dans la partie la plus ancienne des ruines de Maillezais, il existe encore des restes qui remontent aux jours de la fondation; c'est à l'extrémité occidentale de l'église, un porche antérieur ou narthex. Le narthex, dans les édifices religieux, était une salle destinée aux cathécumènes et aux excommuniés. Tout le monde alors n'était pas admis dans le sanctuaire; les uns n'étaient pas dignes d'y pénétrer encore, les autres en avaient été bannis; pour eux, un emplacement, entièrement séparé de l'église, était réservé dans la partie la plus éloignée du chœur. Or, le chœur étant toujours placé à l'est, le narthex devait nécessairement se trouver à l'occident, à l'autre extrémité de l'église, où les usages voulaient aussi que fût l'entrée principale. L'architecture était obligée de se conformer à ces rigoureux usages, et nulle part elle ne l'a fait d'une manière plus sensible qu'à Maillezais.

Le narthex ou porche extérieur est encore debout; c'est une salle parallélogrammatique de 10 mètres de longueur sur 8 de largeur; elle est construite en grand appareil, recouverte d'une espèce de ciment qui a conservé des traces de peinture, où le vermillon semble avoir dominé. Aux angles de l'ouest, deux colonnes à demi engagées soutiennent l'arc cintré sur lequel s'appuie la voûte. Les chapiteaux de ces colonnes sont historiés; les tailloirs sont ornés d'une guirlande de feuillage et la corbeille d'une fleur montée sur une hampe, flanquée de deux oiseaux, qui semblent becqueter deux oiseaux plus petits qui se trouvent sur les angles de la corbeille. Dans le chapiteau de gauche, les oiseaux ont les pattes appuyées sur des chevrons brisés, et, dans celui de droite, sur un animal qui a quelqu'analogie avec le lapin; ces sculptures sont, au reste, d'une médiocre exécution. Au milieu de cette salle, la voûte est soutenue par un arc-doubleau en saillie, qui tombe sur deux piliers surmontés seulement d'un tailloir uni.

Le mur, qui sépare le narthex de l'église, était orné, du côté du narthex, de deux niches de peu de cavité, qui accompagnent la porte qui communique avec l'église : ce sont, à proprement parler, des portes figurées. Elles sont cintrées, et leurs cintres sont formés de deux tores ou boudins, assez épais, séparés par des nervures profondes et surmontés d'un courant de feuillages semblables à ceux qui ornent les tailloirs des colonnes qui sont vis-à-vis, dans la paroi occidentale. Les cintres de ces portes s'appuient sur des colonnes cylindriques entièrement détachées, dont les chapiteaux aujourd'hui tombés, offraient jadis les figures de deux lions debout, entourés de feuillages et croisant leurs pattes. Les tailloirs présentent la même guirlande que les autres; les tympans de ces portes étaient remplis par des figures en relief, dont il ne reste plus que des contours fort indécis.

De chaque côté du narthex s'élèvent deux tours qui n'ont avec lui aucune communication, et dont les escaliers en spirale construits en grand appareil, voûtés en blocage, ouvraient, dans l'église, dans l'axe des collatéraux : ces escaliers conduisaient à une église supérieure. Sous les tours sont creusés des caveaux, dont l'entrée est dans le narthex : ces caveaux sont en grand appareil; leur voûte est cintrée, en berceau et en blocage, elle porte encore des vestiges de peinture; la masse d'ossemens qu'on a trouvés dans leur sol nous fait croire qu'ils servaient de sépulture.

Dans le mur occidental du narthex, outre l'arcature cintrée dont nous avons parlé, on remarque une seconde arcature en tiers-point, qui s'appuie sur deux piliers sans tailloirs et tout nus. Les arcs compris entre ces deux arcatures, qui n'ont de commun que le point culminant de l'arc ogival, sont remplis par une maçonnerie d'appareil irrégulier, percée d'une ouverture fort large, qui au dehors se termine en meurtrière. A l'extérieur, ces arcatures ne sont pas figurées. La façade, entièrement lisse et d'appareil irrégulier, est interrompue à sept ou huit mètres d'élévation par une plate-forme assez large, au fond de laquelle subsiste encore la partie inférieure d'une fenêtre. Les corbeaux en corniche tronquée, à peu près comme des machicoulis, que l'on remarque au niveau de la plate-forme, les nervures et les colonnettes à base pentagone de la fenêtre, annoncent évidemment que cette portion appartient à une autre époque que le reste de la salle, époque où l'on jugea prudent de fermer l'issue principale de l'église, qui devait s'ouvrir dans cette façade occidentale : cette réparation nous paraît devoir être assignée au quinzième siècle, tandis que l'édifice appartient au onzième.

En effet, la disposition des lieux, l'appareil des constructions, la forme des voûtes, les peintures dont elles ont conservé des vestiges, l'ornementation des chapiteaux, les contreforts qui ont peu de saillie, présentent les caractères architectoniques qui distinguent l'ère romane. La partie inférieure du grand mur du nord jusqu'au transsept, appartient aussi à la première époque. On y remarque des colonnes à demi engagées, dont les chapiteaux ont la plus grande analogie avec le chapiteau corinthien. La corbeille des chapiteaux est ornée de trois rangs de feuilles dentelées, surmontées de volutes, sur lesquelles s'appuie un tailloir uni : les six premières travées inférieures du collatéral nord sont séparées par des colonnes absolument semblables. Une seule d'entre elles, la troisième, offre cette différence, que le troisième rang de feuillage est remplacé par un torse d'homme, dont les bras sont enlacés avec les pattes de deux animaux entourés de feuillages. Les têtes de ces deux animaux, placées en saillie sous les angles du tailloir, tiennent lieu de volute.

Quand les fils de saint Benoît se furent établis dans leur nouvelle demeure, leur renommée devint grande. Aussi les religieux de Bourgueil, après la mort de leur abbé, se rendirent auprès du souverain de l'Aquitaine pour lui demander Théodelin pour père. Le duc leur accorda facilement le patronage de son favori, mais à condition qu'il veillerait toujours à l'œuvre de Maillezais, comme à l'objet de ses plus chères sollicitudes (1).

Les moines avaient soif de l'autorité de Théodelin; de tous côtés ils venaient pour lui dire: « Nous vivrons de notre pain, nous nous vêtirons de la laine de nos troupeaux, nous deman-

---

(1) PETRUS MALLEACENSIS *apud* LABBE, tom. II, p. 233.

dons seulement de pouvoir t'invoquer comme notre chef (1). Tant d'autorité n'était pas permise, mais les vertus de Théodelin lui firent tout pardonner; d'ailleurs il ne gouverna lui-même que Maillezais et Bourgueil : il confia le soin des autres monastères à des religieux qui se distinguaient par leur zèle et leur piété. L'église de Maillezais était puissante, elle avait de l'or, elle avait des vassaux, mais des reliques, bien peu; et à cette pensée l'âme de Théodelin se troublait toute entière. Vers ce temps, 1010, l'abbé d'Angery (Saint-Jean-d'Angély) ayant rencontré le crâne d'un homme dans une muraille, (2) la nouvelle se répandit que c'était la tête de saint Jean-Baptiste. Alors, pour voir le chef sacré, la foule se presse, et de tous les côtés, les ducs, les comtes, les prélats, arrivent (3). Robert lui-même, le roi des pays du Nord, a laissé son royaume; il

---

(1) *Panem nostrum comedemus et vestimentis nostris operiemur.* PETRUS MALLEACENSIS *apud* LABBE, p. 234.

(2) *Histoire de Saint-Jean-d'Angély*, p. 237. La ville de Saint-Jean-d'Angély s'appelait *Angeri, Angerie* et *Angeriac* avant le voyage du chef de Saint-Jean. ELIE VINET, p. 10.

(3) *Chronicon* ADEMARI *apud* LABBE, tom. II.

vient, une coupe d'or à la main, déposer de riches offrandes.

Théodelin assiste à ce grand spectacle. Au moment de toucher à la tête vénérée, au moment où l'abbé d'Angery cherche un prélat digne de tant d'honneur, celui de Maillezais se lève et dit : J'accepte la mission glorieuse, cette tête vénérable je l'embrasserai devant tous. Alors il fait une humble prière, s'approche, découvre les ossemens blanchis, et les montre pendant deux heures à l'admiration de l'assemblée. Après, quand on rentre ces débris de la mort, il épie une occasion favorable, saisit une dent, l'enlève, la cache dans sa bouche et l'emporte comme un trésor (1). Il eût été bien surpris, l'abbé de Maillezais, si un homme, comme il n'y en avait pas alors, se fut levé pour lui dire : Cette dent n'est pas celle que vous croyez. Les moines d'Angery abusent de la confiance humaine, ils mentent pour des vanités et du lucre. Un siècle plus tard cette vérité sera connue par tous, et tous verront que les grands et le peuple se sont agités pour des

---

(1) *Histoire de Saint-Jean.*

os sans gloire et sans nom. Cependant le savant Ducange, qui a voulu démontrer que le véritable chef de saint Jean-Baptiste était dans l'église d'Amiens, prétend que la tête trouvée à Angery, était celle de saint Jean, d'Édesse.

En sortant de Saint-Jean-d'Angély, Théodelin chemine avec Hugues, comte de Tours, qui, charmé par les paroles de l'habile voyageur, lui demande avec instance si le monastère dont il est le chef possède ce qu'il lui faut. L'abbaye est riche, répond Théodelin, mais les reliques nous manquent encore. Vous en aurez, lui dit le duc, car il fut autrefois un serviteur de Dieu, nommé Rigomer, dont la vie fut une suite de miracles : il détruisit l'idolâtrie, il convertit la jeunesse; mes ancêtres ont conservé ses restes dans une église qui m'appartient; je vous les abandonne, ils sont à vous (1). A quelque temps de là, un envoyé de Théodelin et le comte de Tours sont dans l'église de Rigomer; ils creusent les entrailles de la terre, mais, selon les dits d'une vieille chronique, le tonnerre gronde (2), et tous les assistans prennent

(1) PETRUS MALLEACENSIS *apud* LABBE, tom. II, p. 255.
(2) *Ibid.*

la fuite, en criant qu'il faut rendre les reliques. Le comte, lui, reste ferme, et le moine, transporté de zèle, devient de plus en plus fort, creuse toujours, recueille les débris, les dépose dans des cassettes; et l'œuvre achevée, ils sortent tous deux de l'église pour se précipiter sur la route d'Angers, et se rendre ensuite à Bourgueil où Théodelin les attend.

Pendant ce temps un courrier arrive à Maillezais; la voix haute, il proclame partout la grande nouvelle. Le cloître si paisible s'en émeut, les longs corridors retentissent de voix tumultueuses, tous les moines s'empressent pour envoyer dans les environs convoquer le peuple. Le peuple s'assemble, tous les frères sont présens, le cortége chemine, il se presse, il arrive, et à la vue des restes de Rigomer, il pousse une grande clameur. Alors, comme dans un jour de triomphe, les ecclésiastiques portent sur leurs épaules les débris de la mort. La foule, elle, en extase devant ces os qui passent, s'agenouille et s'incline. Quand l'antienne fut achevée, on porta dans l'église de Maillezais les reliques tant désirées; et comme la grande crypte n'était pas encore termincé, on les plaça sur l'autel de la Vierge (1). Il ne faut pas sourire en songeant à ces hommes du passé, qui s'inclinaient avec tant de foi, tant de respect, aux pieds de quelques morts : la condition de la foule était alors si triste, si douloureuse, qu'elle s'attachait avec transport aux fragiles débris, dont le culte pouvait diminuer les douleurs, soutenir les courages.

Après la construction de la grande église de Saint-Pierre, le dédain s'empara tout-à-coup des fils de saint Benoît. Ils regardèrent avec honte et mépris la chapelle de Saint-Hilaire, jadis élevée dans le même endroit par les comtes du Poitou; alors dans un moment d'orgueil, ils se précipitèrent sur elle sans regret et sans crainte. Mais quand les dalles, où s'agenouillèrent tant de fois leurs protecteurs, furent battues par les vents et la pluie; quand les colonnes et les chapiteaux furent jonchés sur la terre, les remords s'emparèrent de Théodelin. Aussi, pour calmer ses douleurs, les moines recueillirent avec soin l'autel renversé, pour le transporter dans leur monas-

(1) PETRUS MALLEACENSIS *apud* LABBE, tom. II, p. 256.

tère et le rendre au culte de Saint-Hilaire (1). Ils firent bien, les religieux de Maillezais, de conserver quelque chose qui put rappeler au moins les puissans comtes qui ne les oubliaient jamais. En effet, Théodelin reçoit bientôt de nouveaux présens : le duc d'Aquitaine lui donne Saint-Médard-des-Prés, Boisse, Cotigné, Tesson, Mervent, Santon, Arsay, la Chauvière ; et pourtant ce n'est pas tout encore. Vers 1014, Vilhelm appelle Théodelin dans un château qu'il vient d'élever sur les bords de la Vendée, dans la forêt de Vouvent (2); il l'appelle pour lui permettre d'y fonder, en faveur de son abbaye, un monastère qui doit prouver à tous que les soins de la puissance ne font pas oublier au duc de l'Aquitaine les choses de l'église et de Dieu.

En 1018, l'évêque de Poitiers, Gislebert, est enterré dans l'église de Maillezais. Ce prélat commence la série des morts illustres qui doivent reposer un jour sous les voûtes de Saint-Pierre (3). La même année, Giroard, le premier seigneur de

(1) PETRUS MALLEACENSIS *apud* LABBE, tom. II, p. 236.
(2) ARCÈRE, aux *Chartes*, tom. II, p. 666.
(3) DREUX-DURADIER, tom. I, p. 22.

Vouvent, ayant été nommé sire d'Antigny ; il donne à l'abbé Théodelin le fief presbytéral de l'église de Saint-Christophle (1).

Rien ne devait manquer à la destinée de Théodelin, ni la prospérité ni le malheur; il perd quelques-unes de ses possessions, de longues maladies fatiguent ses vieux ans, et puis tout-à-coup les passions les plus criminelles se réveillent dans sa paisible demeure qui semblait consacrée pour toujours à l'étude et à la paix; elles s'y réveillent, car, par ces temps où les mœurs sont barbares encore, les représentans de la vie cénobique conservent quelque chose de ces passions terribles qui tourmentent leur époque. Aussi, dans un jour de vengeance, le monastère fut témoin d'un horrible complot, et les fils de saint Benoît, les hommes de la fraternité, se jetèrent, des glaives à la main, sur le chef qui les guide et qui, dans un moment de justice ou de mauvaise humeur, leur adressa peut-être des paroles un peu rudes. A la vue des deux moines qui menacent ce qui lui reste à vivre, le vieillard de Maillezais, ennuyé

---

(1) BESLY, p. 56.

sans doute de la triste couronne qui fatigue sa tête blanchie, reste calme, et sans faire le moindre geste, sans pousser le plus faible cri, il attend ; mais ceux qui reposent près de lui s'éveillent, et les assassins effrayés prennent la fuite (1).

Bientôt après un homme riche, nommé Ainric ou Henri, vient apporter au monastère des dons et des largesses. Ce fut alors que le pauvre vieillard, qui n'espérait plus rien de ce monde, se prit à sourire, et permit à ce puissant du siècle, son bienfaiteur et son ami, de bâtir près du port (2) un oratoire qui devint plus tard une charmante église.

C'est Saint-Nicolas qui se fait remarquer par ses curieux modillons, ses fenêtres en plein cintre, ses gracieuses colonnes, et une porte garnie d'oiseaux travaillés avec beaucoup d'art. Le clocher est une tour carrée qui n'a rien de distingué; il faut pourtant y monter et y chercher l'abbaye, là bas dans les arbres, au soleil qui se couche, seule assise comme au désert.

(1) PETRUS MALLEACENSIS *apud* LABBE, tom. II, p. 257.
(2) L'ancien port de Maillezais se trouvait où sont maintenant les halles.

Le duc d'Aquitaine voyant qu'il n'avait plus guère de temps à passer ici-bas, dépose sa couronne et vient à l'abbaye : là, celui qui gouverna tant de provinces, celui qui pouvait être empereur (1), s'inclina sous la volonté d'un maître, et le 31 janvier 1030, la cloche sonna tristement, le monastère fut en deuil ; Théodelin, à sa tête, s'agenouilla pour les psalmodies de la mort ; une fosse profonde s'entrouvrit dans le chœur de l'église (2), et dans cette fosse descendit humblement frère Guillaume, jadis comte, grand parmi les grands (3). Aussi le peuple le vénère comme un saint ; aujourd'hui que sa cendre est au vent, que la foi est morte, quelques fidèles viennent encore à sa tombe mutilée, les uns pour prier, les autres pour verser, dans de petits trous qu'ils creusent, de l'eau qui pour eux devient puissante et sacrée. Chaque année, le curé de Maillezais, soumis aux vieilles croyances du troupeau qu'il dirige, fait une procession solennelle, là, où l'on voit ce qui fut autrefois la tombe de Guil-

---

(1) PETRUS MALLEACENSIS *apud* LABBE, tom. II, p. 237.

(2) *Ibid.*, tom. II.

(3) BESLY, p. 79.

laume (1). Théodelin pleura quinze ans la mort du fondateur de Saint-Pierre; il dut le regretter, surtout quand il vit Guillaume VI lui enlever Santon et le donner à Thibaut-Chabot qui, pour sa récompense, porta jusqu'à la fin de sa vie le pesant fardeau d'une excommunication. Le fils de Guillaume le Grand, Wilhelm VI dit le Gros ou le Gras, meurt en 1038; persuadé qu'il n'a rien de mieux à faire que d'imiter la piété de son père, il demande à reposer près de ses cendres. Ses vœux furent accomplis (2).

Cette habitude d'enterrer les morts dans les églises n'exista pas toujours : on commença par placer dans des cryptes les os regardés comme sacrés; on les mit ensuite sur les autels, puis sur des cénotaphes, puis dans les cénotaphes eux-mêmes. Les restes des abbés, des évêques, furent d'abord enterrés sous les portiques des basiliques; mais bientôt, grâce à l'encombrement, à l'ambition, à l'envi des distinctions, les vivans forcèrent pour ainsi dire les portes des églises pour déposer sous leurs dalles les morts qui leur

---

(1) Tradition.
(2) Besly, p. 89.

étaient chers ; les basiliques furent envahies, prises de force, et de proche en proche les morts pénétrèrent dans la nef, dans le chœur, dans le sanctuaire (1).

Après la mort de Wilhelm VI, plusieurs barons appelèrent son frère Eudes ou Odon (2). Ce chef des Gascons arrive en toute hâte pour trouver des opposans et la mort. En effet, dans ses courses belliqueuses, il veut s'emparer de Mauzé ; mais la fortune trahit son courage, et le 10 mars de l'année 1039, il meurt aux pieds des remparts qu'il assiége. Ce nouveau trépassé fut porté près de son frère et de son père, et il dormit avec eux sous les voutes de Maillezais (3). Quelques années plus tard, Théodelin étant allé visiter Bourgueil, y termina sa glorieuse carrière aux calendes de janvier 1045 (4).

(1) DEVILLE, p. 16.
(2) Ode, othe ou ote, signifiait riche dans la langue teudesque, dans la langue romane on disait ode ou eude pour le nominatif, et odon ou eudon pour les autres cas. THIERRY, p. 213.
(3) DESLY, p. 89.
(4) PETRUS MALLEACENSIS apud LABBE, tom. II, p. 236.

CHAPITRE III.

L'abbé Humbert. — Les hommes d'armes. — Les sergens. — Les rustres. — Mort d'Humbert. — Nomination des abbés. — Leur conduite pendant leur vie et à l'heure de la mort. — Association des moines. — Leur manière de vivre. — Leurs travaux. — Leur costume. — Discipline du onzième siècle. — Organisation des monastères. — L'abbé. — Le sous-abbé. — Le prieur. — Le doyen. — Le sacriste. — Le camérier. — L'infirmier. — Le bibliothécaire. — Etablissement et destruction des Bénédictins.

Un homme humble et doux fut le successeur de Théodelin (1); il lui succéda dans un temps où ceux qui se dépouillaient de quelque chose en faveur de l'église, pensaient recevoir le centuple de la largesse divine. Dans cette conviction, Guillaume Chabot, sa femme Aenors et son frère

(1) Arcere, tom. I, p. 235.

Geoffroy vendirent à l'abbé de Maillezais des salines et des terres dont ils abandonnèrent la dîme et le cens (1). Le titre de concession fut placé sur l'autel de Saint-Pierre, car, au onzième siècle, les donations se faisaient dans un lieu public, dans les vestibules des églises et dans les églises même, en présence des témoins (2). Ensuite Thibault Lunels donna des terres, des vignes, des prés, des moulins, des rentes, un jardin près de Bazôges, un vivier près de Mouilleron, et plusieurs autres choses encore. Quand la concession en fut faite, le donateur, pour se conformer à l'usage des temps, n'oublia pas de faire inscrire dans une charte : « C'est pour « racheter mes péchés, ceux de mes pères et ceux « de mes enfans, que je consacre les biens désignés « dans cet écrit. Je les donne pour qu'ils soient « employés au service de Dieu, à la nourriture des « pauvres. Si quelqu'un veut ravir ces biens à « l'église, il en rendra compte au tribunal de « Dieu (3). »

---

(1) *Manuscrits de* FONTENEAU.
(2) *Diplomatie de* TASSIN, tom. V, p. 796.
(3) *Manuscrits de* FONTENEAU.

Il fallait qu'au onzième siècle les religieux de Maillezais exerçassent un empire bien despotique, ou que ce fut alors un usage reçu, puisque, sans leur consentement, les particuliers ne pouvaient ni vendre, ni acheter les terres placées dans la mouvance de l'abbaye. Lorsque les religieux accordaient cette permission, c'était à condition que les choses achetées retourneraient à l'abbaye après la mort de l'acheteur. C'est pourquoi le chevalier Isembert demande à l'abbé Humbert et aux frères de Maillezais la faculté de faire des acquisitions. Sa requête fut admise, parce qu'il promit de conserver ses droits seulement pendant sa vie, et de les transmettre, après sa mort, libres et tranquilles, au monastère de Saint-Pierre (1). En effet, l'abbé Théodelin avait toujours défendu aux chevaliers ou hommes d'armes, aux sergens, aux rustres, d'acheter des terres chargées de redevances.

A cette époque, on nommait chevaliers ceux qui possédaient des domaines sujets au service militaire. Ces domaines furent d'abord

---

(1) *Manuscrits de* FONTENEAU.

nommés bénéfices, ensuite fiefs, et plus tard bien nobles (1). Tant que le gouvernement féodal exista, ces terres n'étaient obligées qu'au service militaire; c'était à cette condition qu'elles avaient été données aux Francs, qui, pendant longtemps, formèrent la seule noblesse du pays, la première classe de ses habitans. A la voix du suzerain, ils avaient seuls le droit de monter à cheval pour aller aux armées : ce sont les mêmes qui ont été appelés plus fréquemment *milites*, et qu'on traduit par le mot chevaliers; car le mot *eques* se trouve rarement dans les anciens titres. Au onzième siècle, le mot *miles* ne désignait pas un chevalier tel qu'on le conçoit aujourd'hui, mais simplement le compagnon, le vassal du suzerain (2).

Les sergens possédaient aussi des biens nobles. Ces nobles étaient-ils exempts du service militaire, ce n'est pas à croire? Il est plus vraisemblable qu'en vertu de leurs fonds qui étaient des fiefs, ils étaient tenus au même service militaire,

---

(1) Le mot fief, en latin *feodum* et *fœdum*, est tiré de feh-od, qui voulait dire en langue franque propriété-solde. THIERRY, p. 169.

(2) GUIZOT, tom. IV, p. 201.

avec cette différence qu'ils payaient des redevances, servaient à pied dans les armées dont ils composaient l'infanterie. Cette classe de sergens tenait le deuxième rang parmi les habitans du pays.

Les rustres étaient les cultivateurs des terres, et ceux qui se trouvent si souvent dans les anciennes chartes sous le nom de *servi*, serfs, mais dont la servitude n'était que de la glèbe (1). Néanmoins ils suivaient le sort des terres dont ils étaient les colons, ils entraient avec elles dans le commerce, pour être avec elles achetés ou vendus (2). Tous les serfs, de quelque condition qu'ils fussent, n'offraient que la condition la plus misérable; ils ne pouvaient disposer ni d'eux-mêmes, ni de leurs enfans, ni de leurs possessions. Partout il fallait l'autorité, l'agrément et le consentement des maîtres auxquels ils appartenaient. C'est le temps où le sol, qui porte aujourd'hui le nom de France, était si morcelé, si divisé! C'est le temps où les seigneurs

(1) Ils étaient appelés rustres, comme n'étant faits que pour habiter les villages.

(2) *Glossarium Cangii*, tom. V, colonne 1538.

jouissaient d'une immense liberté; ils ne reconnaissaient point de chefs; jamais aristocratie plus indépendante et plus libre. C'est le temps où le nom des rois du Nord était inscrit comme par hasard dans les chartes passées par les seigneurs d'Aquitaine. Ce nom même, ils faisaient quelquefois semblant de l'ignorer, tant la royauté n'était que nominale (1), alors ils ordonnaient d'écrire au bas des titres : *Christo regnante*, Christ régnant.

Pendant les quinze années qu'il dirigea l'abbaye, Humbert fut toujours digne du rôle qu'il avait à remplir. Ce prélat, qui sut tempérer par sa bienveillance les austérités de son gouvernement, termina sa carrière en 1060 (2). Quand le chef d'un monastère venait de mourir on songeait à lui donner un successeur. Le temps, pendant lequel la place des abbés restait vide, était, comme le disaient les moines dans leur langue emblématique, des jours de deuil et de veuvage; les religieux jeûnaient pendant trois jours, regardaient autour d'eux, passaient en revue tous les frères, s'arrêtaient au plus sage, et

---

(1) Guizot, tom. IV, p. 111.
(2) *Nova Gallia christiana*, tom. II.

l'élevaient à l'unanimité des suffrages. L'élection faite, on allait en pompe à l'église, on chantait le *Te Deum*, et l'abbé recevait le bâton pastoral qui l'attendait à l'autel (1). Ensuite, quand le nouvel élu, par un jour de fête, apparaissait dans son église avec son anneau, sa mitre et sa crosse; quand, paré de précieux ornemens, il marchait avec la troupe des acolytes et le cortège de tous ses moines, c'était grand et solennel.

Le nouvel abbé ne devait avoir aucune préférence. Sévère dans ses châtimens, juste dans ses récompenses, il devait à chacun les sentimens d'un père. L'autorité des abbés n'était pas illimitée, la règle était leur plus grande puissance, et les moines, à genoux devant elle, avaient souvent des occasions pour relever la tête. Dans les monastères, la piété, la vertu, étaient la principale autorité : l'exemple était tout; aussi, l'on vit plus d'une fois leurs chefs partager les humbles travaux des moines, remuer la terre, et, courbés sur un sol brûlant, remplir les travaux des simples moissonneurs (2). L'abbé devait

(1) *Annales Benedictoru* tom. V, p. 234.
(2) *Ibid.*, tom. II, p. 373.

manger, boire et dormir comme ses moines ; cependant, quand il avait des hôtes, il pouvait ajouter quelque chose à la modestie de sa table (1). Une obligation sacrée pour lui était celle de visiter les malades, de soigner les enfans, les vieillards. Après de longues veilles, après avoir assisté aux conciles, blanchi dans les austérités, édifié ses frères, fourni à tous leurs besoins, la vieillesse venait, et au moment de la mort, l'abbé faisait venir ses frères, et de sa voix expirante il recommandait la piété, la vertu, la foi; après, il demandait son étole, son bâton pastoral, et tous, à genoux, recevaient sa bénédiction dernière et le baiser des adieux (2).

Quand l'abbé n'était plus qu'un cadavre glacé, on le couvrait de ses ornemens sacrés ; on l'exposait aux pieds de l'autel (3), et par un messager une lettre était envoyée à toutes les églises ou monastères avec qui l'on était uni. Notre abbé n'est plus, disait-on, nous demandons pour lui vos chants et une messe, nous prierons pour

---

(1) *Annales Benedictorum*, p. 43.
(2) *Ibid.*, tom. V, p. 111.
(3) *Glossarium Cangii*, tom. I, f° 1394.

vous ; et celui qui tenait le chapitre, répondait : Qu'il repose en paix (1). Ensuite on inscrivait son nom au livre des morts ; et à prime, après la lecture de la règle, un nouveau nom se mêlait à celui des trépassés, à celui de tous les moines, des bienfaiteurs et de ceux qui étaient admis aux droits de l'association ; ce principe est bien vieux comme on le voit; au moyen-âge, il pénétra partout, il fut cher aux hommes du siècle et à ceux du cloître. Là, des ouvriers se groupent pour défendre leurs priviléges et leurs maîtrises ; là, ce sont des villes qui s'unissent pour traiter ensemble de leurs libertés, des intérêts de leur commerce, non loin de ces monastères qui se donnent les uns aux autres leur concours, leur bienveillance et leur fraternité. Les moines associés priaient chaque jour les uns pour les autres. Ils aimaient à se visiter, à s'asseoir ensemble à la table du réfectoire, à s'agenouiller ensemble sur les dalles de l'église, et, dans les momens difficiles, ils s'envoyaient des présens, des paroles consolantes et quelquefois

---

(1) *Glossarium Cangii*, tom. III, f° 694.

les fruits de leur travail (1). Souvent, sans doute, de tristes confidences échappèrent à ces moines amis ; que de fois ils parlèrent du fardeau qui leur pèse, des regrets qui les rongent, des passions qui les visitent. Ensuite, au moment de la mort, quand le bref fatal annonçait qu'une âme avait laissé sa chétive demeure, tous priaient et parlaient de cet ami lointain qui n'était plus et qui semblait leur dire : Hommes de la solitude et des douleurs, votre tour est proche (2). Obéir, toujours obéir, telle était dans les temps ordinaires la vie de ces hommes qui déposaient au pied d'une croix leurs joies et leurs douleurs, et qui, dans la main de leur chef, étaient comme la cognée dans celle du bucheron (3), comme un bâton dans celle d'un vieillard. Ceux, que le hasard, l'oisiveté ou les malheurs des temps avaient seuls conduit dans ces lieux d'obéissance passive, durent avoir quelquefois de terribles momens, et

---

(1) *Annales Benedictorum*.

(2) Le mot moine signifie douleur, tristesse : il est, en effet, tiré du mot grec *monachos*, qui est composé de deux mots, *monos*, seul, et *achos*, douleur, tristesse.

(3) SAINT BASILE.

répéter avec une douleur bien amère ces paroles de leur Dieu : Je ne suis pas venu pour faire ma volonté, mais celle de mon père (1).

Ces temps d'abnégation n'existaient pas toujours : après la mort de leur abbé, tous les moines se réunissaient pour donner ou refuser leurs suffrages. Dans les cas difficiles, tous arrivaient au chapitre (2), et là, les plus jeunes comme les plus anciens pouvaient prendre la parole, et faire comprendre au chef qu'ils s'étaient donnés et leur indépendance et leur vieille égalité. Lois étranges ! inconcevable époque ! La puissance, la soumission, le despotisme, la liberté (3) ! Les moines avaient rarement la permission de parler ; ils devaient écouter, méditer et se taire. Depuis le mois de novembre jusqu'à Pâques, dès deux heures ils étaient debout pour les prières de la nuit. L'office commençait par le verset : *Dieu*,

(1) JOANNES.
(2) Dans les monastères on nommait chapitre le lieu où les moines se réunissaient. C'était une salle assez grande où on s'assemblait pour les affaires temporelles, pour prêcher les religieux et leur lire la règle ; on lui a donné le nom de chapitre, à cause du chapitre de la règle qu'on y lisait tous les jours.
(3) GUIZOT.

venez à mon aide; ensuite on disait trois fois : *Seigneur, ouvrez mes lèvres, et ma bouche proclamera vos louanges.* Ensuite on passait à la psalmodie; puis les frères assis récitaient, chacun à son tour, trois leçons tirées de l'ancien et du nouveau Testament. A la troisième, le chantre s'écriait : *Gloire au Très-Haut, gloire!* et alors, frappés de respect pour le mystère de la Trinité, tous se levaient (1). A l'office du dimanche, ils chantaient le *Te Deum*, lisaient l'évangile et recevaient la bénédiction de l'abbé (2). Depuis Pâques jusqu'au premier de novembre, les moines commençaient vigiles quand ils voulaient. Ils les réglaient seulement, de manière à pouvoir commencer Matines au point du jour. Aux fêtes des saints, ils faisaient les solennités du dimanche (3). Ce jour-là ils se levaient plutôt qu'à l'ordinaire; après l'office, tous sortaient de l'oratoire afin de ne pas troubler ceux qui voulaient prier : après l'oraison, toute la journée était consacrée au travail et à la lecture. En été, les religieux

---

(1) *Regula* SANCTI BENEDICTI, p. 31.
(2) *Ibid.*, p. 32.
(3) *Ibid.*, p. 36.

sortaient à six heures du matin et ne rentraient qu'à dix; après ces quatre heures de travail, ils lisaient pendant deux heures, dînaient à midi, se reposaient ensuite sur leurs lits, ou se livraient au plaisir de l'étude. A deux heures, ils disaient None, ils travaillaient jusqu'au soir, et soupaient toujours avant la nuit. Pendant ces frugals repas, où les moines se servaient les uns les autres, ils écoutaient toujours quelques vies des Saints ou des Pères de l'Église : les religieux servaient à la cuisine et au réfectoire tour à tour (1).

En hiver, ils commençaient la journée par la lecture qui durait jusqu'à huit heures du matin; en carême, elle se prolongeait jusqu'à neuf; ensuite les religieux se livraient au travail jusqu'à quatres heures du soir. En carême, ils recevaient un livre de la bibliothèque : pendant les heures de lecture, un ou deux anciens parcouraient le monastère pour voir si les moines étaient fidèles à leur devoir (2). Le dimanche, tous lisaient, ex-

---

(1) DOM. CALMET, *Commentaire sur saint Benoît*, tom. I, p. 529.

(2) Sous le nom d'anciens, on n'entendait pas toujours les plus âgés : on comprenait aussi parmi eux le prieur, le sous-prieur, le doyen, le cellérier, le maître des novices, les prêtres. DOM. CALMET, tom. I, p. 175.

cepté ceux qui étaient chargés de différens offices. Ceux qui travaillaient trop loin pour venir à l'oratoire, aux heures de la prière, se mettaient à genoux sur la terre inondée de leurs sueurs; ceux, qui voyageaient, s'arrêtaient sur une pierre, à l'ombre d'un vieux arbre, et se réunissaient par la pensée à l'office de leurs frères (1).

Chaque moine avait son lit, c'est-à-dire une paillasse, un drap de serge, une couverture et un chevet : dans les premiers temps, les moines couchaient tous en un même lieu, au moins dix ensemble; une lampe éternelle éclairait l'obscurité des nuits et présidait à leurs chants. Afin d'être toujours prêts pour l'office nocturne, ils couchaient tout habillés, et conservaient même leur ceinture de cuir ou de corde. Cette coutume avait un autre but : avant de laisser le monde, les moines avaient eu côte à côte les faiblesses de l'homme; ils avaient cheminé, comme lui, sur la terre fragile; rien d'étonnant s'ils retrouvaient au fond de leur solitude d'impitoyables passions. Malheureux condamnés, ils avaient de tristes

(1) *Annales Benedictorum, passim.*

luttes; aussi, pour soutenir leur courage, tout leur était prodigué, les vêtemens de nuit, les jeûnes, les veilles, les austérités, la saignée même (1).

Les habits étaient réglés par la volonté de l'abbé. Vers ce temps, au onzième siècle, les moines Bénédictins portaient une tunique tantôt blanche, tantôt noire, qui descendait jusqu'aux pieds; elle avait des manches et formait une espèce de croix. Par-dessus ils avaient un scapulaire ou petite mante, qui couvrait les épaules et descendait seulement jusqu'aux reins : le scapulaire était noir, surmonté d'un capuchon (2). Ce costume nous semble aujourd'hui bizarre, et pourtant ce fut celui de nos pères. Autrefois le peuple fut vêtu comme les moines, les moines comme le peuple; ce dernier seul a changé. En effet, au rapport de Martial (3) et de Juvénal (4). Les habitans de la Saintonge portaient des cuculles; la forme primitive de ce vêtement s'est

---

(1) *Annales Benedictorum*, passim.
(2) *Ibid.*, tom. V, p. 448.
(3) Satyre VIII, vers 147.
(4) Liv. IV, épître 128.

parfaitement conservée dans celle de la cape, que portent encore aujourd'hui les femmes de la campagne, et quelquefois même les hommes, par les temps de froidure et de pluie.

Chaque moine avait deux tuniques et deux cuculles, soit pour en changer, soit pour les laver. Il les prenait au vestiaire commun, en y mettant les vieilles. L'étoffe était celle du pays. Outre les vêtemens, on leur donnait des sandales pour la nuit, des galoches et des gants fourrés pour l'hiver, du savon pour laver leur dépouille, et de l'oing pour graisser les souliers; on leur donnait encore un mouchoir, un couteau, une aiguille et de quoi écrire; car dans la solitude du cloître les religieux de Saint-Benoît s'occupaient à corriger des livres, à transcrire des manuscrits, à composer des légendes, des chroniques (1).

Si quelque moine manquait à la règle ou désobéissait à ses supérieurs, les anciens l'avertissaient en secret; s'il continuait ses déréglemens, on le réprimait publiquement; enfin on l'excommuniait, si on jugeait qu'il comprît la gran-

(1) *Annales Benedictorum*, tom. V, p. 152.

deur de cette peine. On usait aussi quelquefois de punitions corporelles ; les châtimens etaient variés : le coupable mangeait seul, il ne pouvait parler à personne, il était séparé de tous, même pendant le travail, et s'il ne se corrigeait pas, il était chassé du monastère (1). Quand les religieux commettaient quelque grand crime, on les précipitait dans le sépulcral *in pace*. Dans cette prison silencieuse et sombre, qui fournissait à peine à ses tristes élus quelque peu de pain et de l'eau, les condamnés restaient seuls, toujours seuls ; pour eux, jamais de voix humaine ; d'espérance, jamais ! si ce n'est l'agonie et la mort (2).

Il fallait à un moine la permission de ses frères pour porter ailleurs son esprit inquiet et vagabond. Si des religieux abandonnaient une abbaye, seulement pour se dérober aux lois de la discipline, ils étaient rappelés avec force, et au retour ils expiaient dans la captivité leur amour déplacé de l'indépendance (3). Cependant, à tout prendre, la règle de Saint-Benoît était plus in-

---

(1) FLEURY, *Histoire ecclésiastique*.
(2) DOM. CALMET.
(3) *Annales Benedictorum*, tom. III, p. 195.

dulgente que les lois du siècle, et les hommes de la société civile étaient traités d'une manière plus dure que ceux des monastères (1).

Si des religieux laissaient leur solitude, s'ils partaient pour quelque pélerinage (2), ils se recommandaient à leurs frères, et, au retour, ils allaient se prosterner dans l'oratoire pour expier les distractions et les autres fautes qu'ils avaient pu commettre. Aucune nouvelle ne devait pénétrer dans leur asile; le moine voyageur devait tout oublier sur le seuil du cloître, et laisser à la terre les vains bruits de la terre.

Au onzième siècle, la passion de la discipline était portée à son comble : pour elle, des moines laissaient leurs chaussures et leurs guêtres; dans leurs cellules ils marchaient pieds nus, jambes nues. Ces pénitences volontaires étaient quelquefois bien dures : les unes consistaient dans de longues flagellations, dans des prières sans fin; d'autres consistaient à rester à genoux, les bras étendus (3). On vit des moines, poussés par un

(1) Guizot, tom. II, p. 82.
(2) *Annales Benedictorum*, tom. III, p. 120.
(3) *Ibid.*, tom. IV, p. 427.

zèle exagéré ou par le souvenir de quelque faute légère, se condamner à plusieurs années de repentir : alors ils ne se couchaient plus; quelquefois seulement ils s'asseyaient pour prendre un peu de repos; d'autres vivaient de pain d'orge et d'eau, se couvraient d'un cilice, se couchaient sur la terre, et reposaient leur tête fatiguée sur le tronc d'un arbre (1).

Les anciens monastères étaient tantôt au nord, tantôt au midi de l'église; l'église, elle, était placée de manière que le grand autel fut à l'orient, et la porte quelquefois au couchant, en face, et quelquefois au nord ou au midi (2). A Maillezais, le monastère était au midi.

La porte des abbayes était gardée par un vieillard capable de répondre à ceux qui se présentaient. Les hôtes étaient reçus avec charité, avec bonté; on les menait à l'oratoire, on leur faisait une lecture, puis on les traitait avec tous les égards possibles. L'hospitalité qu'on exerçait dans les monastères était bien utile. Sans elle, les voyageurs auraient été quelquefois sans asile : en

---

(1) *Annales Benedictorum*, tom. IV, p. 427.
(2) Dom. Calmet, tom. I, p. 429.

effet, les campagnes n'étaient pas peuplées comme aujourd'hui; seulement, de loin en loin, quelques cabanes et quelques malheureux sans biens, sans liberté; par conséquent, point d'auberges, point de gîtes.

Les abbayes étaient gouvernées par différens fonctionnaires. L'abbé venait le premier, puis le grand prieur, qui le remplaçait quelquefois. Cependant ce sous-abbé n'avait pas le droit de bénir un novice, d'expulser un moine, de recevoir celui qui avait été chassé. Appeler les religieux au réfectoire avec la cloche qui était dans le cloître, adresser des avertissemens aux frères, corriger les fautes de ceux qui lisaient à l'église et au chapitre, frapper sur une table pour appeler les moines au travail, telles étaient ses fonctions (1).

Quand un moine était sur le point d'expirer, l'un d'eux frappait aussi sur une table qu'on nommait la table des mourans : les coups étaient fréquens, monotones; et dès que le bruit fatal était entendu, tous les frères accouraient pour prier et dire les litanies. On enterrait le mort

(1) *Glossarium Cangii*, tom. V, colonne 852.

avec ses habits monastiques, les mains croisées, le visage découvert; quelquefois la figure était voilée par un épais capuchon qu'on attachait sur la poitrine. Après les obsèques, on inscrivait le nom du défunt dans le nécrologe, pour garder son souvenir et célébrer son anniversaire; on l'inscrivait aussi sur un rouleau de parchemin qu'un messager fidèle portait aux monastère de l'association, pour obtenir des prières en faveur de celui qui venait de mourir (1).

Le prieur venait immédiatement après l'abbé et le sous-abbé; en leur absence, il dirigeait le monastère (2).

Le doyen était celui qui présidait dix moines; car, dans les congrégations nombreuses, les religieux étaient divisés par dix. Le doyen devait éveiller les frères à matines, les conduire au travail, les ramener au monastère, et visiter les officines de la maison pour savoir si tout le monde remplissait ses devoirs (3).

Le sacriste avait soin de l'église et de son

---

(1) Dom. Calmet, tom. I, p. 567.
(2) *Glossarium Cangii*, tom. V, colonnes 852 et 853.
(3) Dom. Calmet, tom. I, p. 426.

trésor; il avait en outre la garde de tout ce qui était offert aux autels (1). Le cherchier parcourait le monastère à toutes les heures, il devait tout examiner sans partialité et sans haine. Sa ronde était sévère, silencieuse, pas une parole, pas un geste; s'il voyait des moines manquer à la prière, s'il en voyait rire ou chuchotter, il les notait sur ses tablettes, et plus tard il leur adressait des réprimandes. Pendant la nuit, après les prières publiques, il visitait le dortoir, s'approchait des cellules pour écouter et voir ce qui s'y passait (2).

Le camérier percevait tous les revenus qui étaient dûs au monastère; il en exigeait les rentrées avec sévérité, il veillait ensuite aux troupeaux, aux grains, aux charrues, à la culture des terres; il procurait à chacun la nourriture, les vêtemens, la chaussure (3).

L'infirmier avait soin des malades. Dans l'infirmerie on trouvait non seulement les moines retenus au lit par de longues souffrances, mais

---

(1) *Glossarium Cangii.*
(2) Dom Calmet, tom. II, p. 155.
(3) *Glossarium Cangii*, tom. II.

encore les convalescens, les vieillards, les aveugles, les faibles; tous y mangeaient et y couchaient (1).

Le cellérier ou économe s'occupait de la cuisine, du réfectoire, en un mot de tout ce qu'il fallait pour la nourriture des frères; il leur procurait tous les vases nécessaires, ainsi que les justes, espèce de mesure pour distribuer à chacun le vin qu'il devait avoir. Le cellérier avait sous sa garde tous les revenus en grains, en vin, en fruits, en laine, en argent. Les troupeaux, les bestiaux, les habits, les meubles, étaient confiés à ses soins. Il veillait aussi pour que les religieux conservassent les objets qu'on leur donnait et dont ils se servaient à la cuisine, au réfectoire, au lavoir, au cellier (2).

L'aumônier distribuait aux pauvres tout ce qui dépassait le nécessaire, tous les restes du vin et du pain, où l'on imprimait toujours le signe de la croix. Il distribuait aussi la dixième partie des revenus et les redevances particulières consacrées à l'aumône. Il devait user d'une grande modération

---

(1) *Glossarium Cangii*, tom. III, colonne 1422.
(2) D^{om} Calmet, tom. I, p. 502.

dans ses charités et réserver la meilleure partie pour les infirmes (1). Pour remplir ces fonctions, on choisissait un frère pieux et doux, qui sut compâtir aux malheurs des autres et consoler avec bonté les longues douleurs, les pertes irréparables.

Le précenteur présidait au chœur ; il avait encore un autre soin, celui de garder les livres de la bibliothèque, où, tous les soirs, les religieux venaient déposer les volumes dont ils avaient parcouru les feuillets. C'est là que se trouvaient réunis les plus nobles débris de l'intelligence humaine ; c'est là qu'on voyait, côte à côte, les Ambroise, les Hilaire, les Augustin, les hymnes de la Judée ; c'est là qu'on pouvait contempler ensemble les hautes inspirations de Virgile et d'Homère. Aux premiers siècles, aux jours de la résurrection littéraire, quand un manuscrit, quand un lambeau du génie de la Grèce arrivait, on le traitait avec un saint respect ; on s'empressait d'inscrire son nom ; on se hâtait de consigner le moment où ce nouveau trésor était apparu

---

(1) Dom Calmet, tom. II. p. 150.

pour enthousiasmer les âmes et charmer, pour bien longtemps, les loisirs du cloître. Quelquefois, dans les premiers momens de la ferveur, on enchaîna le manuscrit, tant on craignait de le voir s'échapper, lui qui venait pour ranimer l'amour de l'étude, le flambeau des sciences (1).

Telle fut, avec quelques variantes, l'organisation des fils de saint Benoît, ce grand ouvrier, ce puissant fondateur de l'ordre monastique. Avant lui, pour les solitaires, les reclus, les cénobites, point de règle ; à chacun son enthousiasme, son séjour, ses austérités, la liberté d'entrer, la liberté de sortir (2). Malgré cette allure individuelle et sans guide, quoique séparée du clergé dont elle accusait les actes et les désordres, la vie monastique avait toujours marché de conquêtes en conquêtes ; vite, son influence avait été grande, car les siècles allaient à elle. Dans ces jours de croyance et de prosélytisme, saint Benoît vint au monde : c'était l'heure ; aussi de sa règle universelle la prospérité fut longue ; mais, au seizième siècle, un homme du peuple,

(1) CAPEFIGUE, tom. IV, p. 510, *Hist. de Philippe-Auguste.*
(2) GUIZOT, tom. II, p. 51.

Martin Luther, se leva (1). Sa clameur fut grande, et après lui de rudes travailleurs vinrent, ils fatiguèrent longtemps, longtemps ils pétrirent quelque chose qu'ils ignoraient eux-mêmes. Enfin de leurs mains puissantes s'échappa, à la révolution, un géant terrible qui détruisit les moines et déchira leur robe pour les mêler aux choses de ce monde.

Maintenant, sur les ruines de la puissance religieuse, où finirent les plus grands travaux de l'esprit humain, la justice et la vérité doivent se faire entendre pour la renommée des moines Bénédictins ; plus d'une fois, chez des peuples barbares et sauvages, ils portèrent, au péril de leurs vies, nos croyances et l'instruction ; toujours ils cultivèrent, en même temps, la pensée de ces hommes et leurs terres (2). Ensuite, au jour du repos, ces puissans missionaires, ces nobles architectes, ils prenaient le compas et l'équerre, et, dans leurs vastes cervelles, se pressaient les riches monumens, les magnifiques abbayes. O France ! les puissans du jour qu'ont-ils fait de

(1) Sismondi, tom. XVI, p. 66.
(2) Guizot, tom. II, p. 72.

tant de gloire, des cachots, des prisons : eux, ils l'ont défrichée, inondée de leurs sueurs; ils l'ont parée d'immortels chefs-d'œuvre ; ils ont ravivé ses vieux titres perdus, égarés sur la route des temps (1).

Si la révolution qui balaya tout devant elle, eut épargné les doctes Bénédictins ; jeunes martyrs, qui périssez chaque jour, jeunes gens disparus si vite de la face de ce monde, vous y seriez peut-être encore. Pour vous, la congrégation de Saint-Maur eût ouvert de consolantes retraites, elle eût voilé vos têtes et bercé vos douleurs au souffle de l'étude et de Dieu.

(1) MICHELET, *Cours de* 1838.

CHAPITRE IV.

—

Goderanne. — Sa naissance, son courage. — Il est nommé abbé de Maillezais et évêque de Saintes. — Origine des assemblées politiques. — Le chroniqueur Pierre. — Mort de Goderanne. — Ses funérailles. — On lui élève un tombeau. — Sa découverte après huit siècles. — Ce qu'on y trouve. — Drogon. — Contrats exécutés par des symboles. — Guillaume d'Aquitaine. — Ses donations en faveur de l'abbaye. — La dame Hermangarde. — Gaufred. — Incendie du monastère. — Des donations lui sont faites. — Usages qu'on y observe. — Bulle du pape Urbain II. — L'église supérieure. — Donation d'Hélie de Didone partant pour la Terre-Sainte. — Les lépreux.

A Humbert succéda Goderanne ; ce fils d'Améline et d'Andrade, car alors les noms de famille n'existaient pas encore (1), avait été destiné

(1) SALVERTE, *Origine des noms d'hommes et de choses*, tom. I, p. 508. Ce n'est que dans la troisième moitié du quatorzième siècle que les noms héréditaires devinrent communs parmi les hommes élevés en dignités ; parmi les peuples ils étaient encore bien rares. *Ibid.*, p. 509.

dès son enfance à la milice du Christ (1); aussi pour son instruction fut-il mis par ses parens, dans un couvent de femmes, car au onzième siècle les maisons monastiques étaient les seules où l'on enseignût les sciences et les lettres (2). Devenu plus grand, Goderanne se rendit au monastère de Haut-Villars pour se livrer à l'étude, apprendre la grammaire, le chant et l'office ecclésiastique (3). De retour à Reims, son pays natal, il se fit admettre dans le couvent de Saint-Remy, mais là comme ailleurs la vie était voluptueuse et douce; aussi Goderanne, l'austère Goderanne, qui ne comprenait rien à tous ces délices, se voila de sa douleur, et ne pouvant se livrer à une vie religieuse, il se donna tout entier au culte du savoir et de l'intelligence (4).

Fatigué cependant par les joies qui passent et repassent devant lui, il part un jour et se rend à Cluni où la religion est vénérée, la discipline sévère, la justice rendue à tous. C'est là que

---

(1) *Acta sancti ordinis sancti Benedicti*, sæcla VI, part. II, p. 310.

(2) Arcère, tom. I, p. 30.

(3) *Acta sancti ordinis sancti Benedicti*, sæcla VI, part. II, p. 313.

(4) *Litteris quantum valuit, præfuit. Ibid.*, p. 310.

Goderanne obtient bien vite le titre de chapelain (1) : c'est là qu'il va briller dans tout son lustre et qu'il doit montrer à tous son courage et son zèle. Il s'agit d'un lépreux, l'abbé Hugues veut lui présenter l'Eucharistie, mais l'infortuné ne peut rien avaler, vainement il redouble d'efforts, l'objet sacré ne reste qu'un moment sur ses lèvres ulcérées, il glisse, tombe et Goderanne le recevant dans ses mains, l'approche de sa bouche et l'avale sans broncher (2). A la vue de tant de courage, l'abbé de Cluni fut saisi d'admiration ; Goderanne lui-même entendit une voix secrète qui lui dit : Les temps sont venus, ami, monte plus haut (3).

En effet à cette époque (1060) Humbert s'étant reposé dans la mort, cette voie de toute chair, les moines de Saint-Pierre de Maillezais, fidèles au précepte de leur chef, qui ordonne de choisir pour abbé celui qui l'emporte sur les autres par les mérites de sa vie et par l'exactitude de sa discipline, sont réunis en chapitre. Pour que

---

(1) *Acta sancti ordinis sancti Benedicti, sœcla VI, part. II, p. 516.*

(2) *Et adhibitum ori totum absorbuit. Ibid.*

(3) *Amice, ascende superius. Ibid.*

l'élection soit plus solennelle, et, pour rappeler les temps où la foule toute entière prenait part aux grandes résolutions de la chrétienté, ils ont convoqué les hommes du siècle et ceux de l'église. A leur assemblée assistent en effet le duc d'Aquitaine, les évêques de Saintes, de Poitiers, les abbés de Cluni, de Saint-Jean-d'Angély, de Luçon. Là, dans cette grande réunion, Goderanne est reconnu comme le plus vertueux, et par conséquent il est proclamé chef de l'abbaye, seigneur de ses terres (1). Quand le nouvel élu fut assis à son poste d'honneur, les religieux de la Sainte-Trinité de Vendôme, lui demandèrent la permission de construire une maison tout près du monastère renommé, qui obéissait à ses ordres; il leur accorda cette faveur à la charge par eux de payer tous les ans une redevance de quatre deniers (2).

En 1065, le chevalier Isembert, dont nous avons parlé relativement à une demande d'acquisition, se rend avec ses deux neveux au chapitre de Maillezais, et là, en présence de tous les vieux moines qui vivent encore, il demande à Gode-

---

(1) *Acta sancti ordinis sancti Benedicti, sæcula VI*, part. II, p. 517.
(2) *Manuscrits de* FONTENEAU.

ranne que rien ne soit changé aux conventions qu'il avait faites autrefois avec l'abbé Humbert. Après avoir reçu le consentement des Cénobites, il renouvelle ses promesses; ses anciens sermens furent acceptés par le bibliothécaire Gérard, qui depuis si longtemps se promenait et priait sous les cloîtres de Saint-Pierre (1).

Alors Daervert et sa femme Hermengarde, effrayés par les péchés qu'ils ont commis, se séparent et se laissent. Hermengarde part pour Saintes, donner à Dieu ce qui lui reste à vivre, et Daervert vient à Maillezais pour offrir au chef de l'abbaye sa fortune, sa personne et sa vie (2).

L'administration de Goderanne est si belle, sa piété si grande, que chaque moment ajoute à sa renommée; sa réputation vole de bouche en bouche : aussi la mître d'évêque vient-elle bientôt se reposer sur sa tête. « En effet, de Saintes
« fut chassé l'évêque Arnulfe, et mis en sa place
« Goderanne, abbé de Maillezais; je me doute
« que l'abbé Arnulfe avait tenu bon contre le
« comte du Poitou, et que ce comte, après la

---

(1) *Manuscrits de* Fonteneau.
(2) *Ibid.*

« ville prinse, se voulut venger de lui et avoir do-
« resnavant, à Saintes, un évêque de sa terre du
« Poitou (1). »

Quand Goderanne fut ainsi parvenu à l'une des plus hautes dignités de l'église, des Colliberts, soumis ou domptés, furent cédés à la duchesse de Bourgogne. Ces habiles pêcheurs des rives de la Sèvre furent destinés, sans doute, à la terre lointaine pour y fournir à la table des grands le gibier, le poisson qu'ils savaient poursuivre avec tant d'audace et de persévérance (2).

Vers ces temps, Goderanne, qui gouvernait en même temps l'abbaye de Maillezais et l'évêché de Saintes, fut au sinode de Bordeaux et au concile de Toulouse, pour porter le fruit de ses lumières aux diverses réunions de son ordre, qui sont la véritable origine de nos assemblées politiques. Il faut l'avouer, nous les devons à l'église, car c'est elle qui, la première, nomma des députés pour la représenter, pour discuter et délibérer ensemble. C'est dans une circonscription religieuse que, pour la première fois, des hommes se sont réunis

---

(1) ELIE VINET, *Antiquités de Saintes*, p. 55.
(2) Note communiquée par M. DE LA FONTENELLE.

pour choisir des mandataires, qui, devenus électeurs à leur tour, choisissaient les prélats distingués qui devaient assister aux grandes assemblées de la chrétienté, si connues sous le nom de conciles.

Il est fâcheux que le chroniqueur de Maillezais ne dise rien de l'homme célèbre qui nous occupe en ce moment. En parlant de lui, Pierre craignit de passer pour un flatteur, et il se tut, laissant à la postérité le soin de le juger (1). L'historien Pierre, qui naquit dans la ville de Poitiers, fut pour son siècle un homme de mérite; ce fut, sans doute, sous l'abbé Théodelin qu'il embrassa la profession monastique (2) et qu'il se consacra à l'étude et au travail. C'est à l'instigation de Goderanne qu'il écrivit la précieuse narration, où il raconte l'histoire du monastère de Saint-Pierre, rapporte des miracles sans fin, défend les canons de l'église, témoigne une grande indifférence pour la philosophie de son époque, et termine par deux vers pâles et colorés; cependant ils sont supérieurs à la plupart des poésies de la même époque.

(1) *Annales Benedictorum*, tom. IV, p. 640.
(2) *Hist. littér. des Bénéd.*

Goderanne termina bientôt après sa carrière : elle finit au mois d'août 1073 (1), et non pas en 1074, comme le rapporte la chronique de Raimond. Plusieurs écrivains ont donné au grand prélat le titre de saint, entre autres, Buccelin, dans le *Calendrier de l'Ordre de Saint-Benoît*, et Trithême, dans ses *Hommes illustres* (2); cependant il n'eut jamais d'autels ni à Saintes ni dans son abbaye; il y porta seulement le titre de vénérable. Arnold Uvion, dans son ouvrage intitulé : *Bois de vie*, le met au premier rang, parmi les évêques dont la vie fut consacrée aux rigueurs du cloître.

Les funérailles de Goderanne furent solennelles; car, suivant l'usage de ces vieux temps, on lui laissa son anneau, ses vêtemens d'honneur et sa crosse argentée (3); ensuite, d'après une habitude plus antique sans doute, auprès des habits de fête, du brillant saphir et de son riche anneau, on mit un pot de grès, des charbons embrâsés, des parfums et quelques débris d'aromates. Chez

---

(1) ARCÈRE, tom. II, p. 668, 2me col.
(2) *De Viris illust. Ord. S. B.*, tom. IV.
(3) MARTENNE, *Voyage littér.*, p. 261.

nos pères, après la mort, on donnait aux grands des vases somptueux d'argent, d'or ou de bronze; mais à ceux dont la modestie devait être la même dans ce monde et dans l'autre, aux religieux, aux prêtres, on offrait de simples vases de terre, des charbons allumés et quelque peu d'aloès et d'encens (1).

Ensuite, pour indiquer les titres de Goderanne et le jour qu'il était sorti de la vie, on grava sur une plaque en plomb, des caractères à peine achevés. Ces quelques mots furent confiés à une tombe couverte de quelques pierres simples et unies. Mais après, quand les temps mauvais furent passés, quand l'asile des morts fut respecté, on éleva dans la basilique de Saint-Pierre un somptueux mausolée; ce fut probablement au douzième ou treizième siècle, car l'usage de placer, en relief, sur la cendre des grands, leur figure et leur image, ne remonte qu'à cette époque (2). Avant même, pour les cendres royales de Saint-Denis, point de statues, d'épitaphes; pour cercueil, une longue pierre creusée; pour

(1) LE NOIR, *Musée des Monum.*, tom. II, p. 15.
(2) *Ibid.*, tom. II, p. 14.

mausolée, une autre pierre simple et plate (1).
C'était dans la tombe que les vivans prodiguaient
à la mort les pompes et les grandeurs : au-dedans,
la magnificence, les richesses; au-dehors, la
misère, la nudité. En effet, pour éloigner les
misérables qui violaient alors les sépultures, pour
retenir les mains rapaces qui plongeaient dans des
chairs à peine refroidies; pour conserver, à ceux
qui n'étaient plus, les bijoux, les parures qui leur
avaient été longtemps chers, il fallait cacher les
tombeaux et les dérober aux regards, à force de
simplicité et de modestie (2).

Près de huit siècles après les funérailles de
Goderanne, quand la basilique, où sa voix retentit
si longtemps, gît sur la poussière, quand les
dalles n'en sont plus abritées, quand ce n'est plus
qu'un cadavre pantelant et broyé, des travailleurs acharnés et rudes cherchent et creusent :
tout à coup un bloc immense s'entrevoit sous leurs
pelles; alors une indicible curiosité s'empare de
ces hommes, leurs coups sont moins lourds, plus
attentifs, et bientôt une énorme pierre, qui se

(1) SAINT-FOIX.
(2) FÉLIBIEN.

découvre peu à peu, dessine à leurs regards une longue statue. Elle porte une crosse, une mître, une mante aux longs replis ; ses mains sont croisées sur sa poitrine, un anneau est à l'un de ses doigts, sa tête s'appuie sur un large coussin, une barbe épaisse couvre son menton ; à ses pieds repose une bête, un chien peut-être, qui semble veiller à la garde du mort. Sur l'un des côtés de cette tombe, peinte en rouge, sont inscrits de précieux caractères. L'histoire du défunt est là sans doute, c'est le nom de l'artiste, quelque chose de sa vie peut-être ; mais dans un instant tout fut lavé, tout périt.

La tombe était lourde et pesante : on la soulève avec effort, et dans un sarcophage, composé de plusieurs pierres réunies, gîsent pêle mêle un vase en terre, mais brisé, des charbons, des plantes aromatiques, des ossemens qui tombent en poussière, un anneau d'or d'un travail remarquable, une crosse de bois avec un cercle d'argent, et ces mots : *Virga pastoralis Goderanni santonensis* (verge pastorale de Goderanne, de Saintes). Ce n'est pas tout ; il faut quelque chose encore, et la plaque qu'est-elle devenue ?

La voici, usée par le temps, cependant lisible encore :

VIII ! ID	Octo idus
V^c Ob	augusti oblit
GODERA	Godera
NN'SAN	nnus san
TONENS	tonensis
EPShVI'	episcopus hujus
q; LOCI	que loci
Abb PIIS	abbas piius
IMVS !	imus

Aussitôt cette découverte, la nouvelle se répand au loin, et le peuple crédule répète au fond de ses marais : C'est un saint, partons; et les femmes, vieillies sur les terrées de la Sèvre, laissent avec empressement leurs vaches, leurs bateaux, leurs cabanes. Arrivées aux ruines de l'abbaye pour y chercher des reliques, les fanatiques! elles brisent, elles emportent, et dans un instant, la statue qui avait échappé à tant de périls, travail qui avait coûté tant de veilles, est horriblement mutilée. Quand j'écris ces lignes de douleur, une vieille femme de Lihé conserve encore sur sa noire poitrine un débris de l'évêque infortuné. C'est ainsi que, chaque jour, des

Tombeau de Goderanne.

ruines s'ajoutent à des ruines ; c'est ainsi qu'à toute heure périssent les vieux témoins de l'habileté de nos pères, les glorieux monumens, poésie des temps passés.

En 1073, un nommé Savari, du consentement de sa femme et de son fils, donne à l'abbé Drogon, toute la dîme de la terre qu'il possède et qu'il doit posséder ; il donne aussi le droit de pêche dans toutes ses eaux, un arpent de vigne, un arpent de pré sans redevance, et autant de terre que deux bœufs peuvent en labourer (1). Les actes de ces temps étaient courts et par conséquent d'une grande simplicité, point de ces mots sans fin pour dire la même chose, point de ces clauses qui s'embarrassent les unes les autres. Ces contrats, d'une rédaction si facile, on les exécutait par des symboles, on présentait à un prêtre le livre des Evangiles, à un abbé le bâton pastoral : Pour un pré on présentait un jonc, pour un jardin des roses, pour un bois des branches d'arbres, pour une maison des clefs. Ces chartes de donation étaient toujours soigneusement

(1) *Manuscrits de* FONTENEAU.

gardées dans les trésors des églises et des monastères (1).

En 1074, Guy Geoffroy, Guillaume VIII, duc d'Aquitaine, se repose à l'ombre des chênes immenses de la forêt de Vouvent ; là, il songe à l'abbaye de ses pères, il pense à Xanton, qu'elle possédait autrefois et qui n'est plus rien pour elle. Alors il s'inquiète, car ces dépouilles ne seront pas les seules, et plus tard Maillezais, la riche abbaye, pourrait fléchir et tomber. Pour bannir cette fâcheuse pensée, le chef du Poitou, remet au monastère de Saint-Pierre, son ancienne possession, et de peur que quelqu'un ne veuille l'enlever, il fait signer la charte de restitution par ses fils et les grands qui se trouvent avec lui (2). Ce Guillaume fut le bienfaiteur de Maillezais, il confirma tous ses dons, toutes ses acquisitions, et décida que la jouissance en serait libre, pleine et entière. Il lui donna aussi quelque temps après une chapelle et deux églises dans la ville de Bordeaux, avec leurs droits et leurs dépendances auxquels il ajouta des

(1) Dom Tassin, tom. V, p. 796.
(2) Arcere, tom. II, p. 667.

domaines, des héritages, des droits et des dîmes (1).

Dans le diocèse de Saintes, s'éleva, en 1075, l'abbaye de Saint-Étienne-de-Vaux, ou des Vallées, dont les fondateurs furent deux frères Pierre et Arnaud; Goderanne avait depuis long-temps consenti à cette établissement; Martin, moine de Maillezais, en fut le premier abbé (2).

L'abbé Drogon assiste, en 1080, au concile de Saintes, et signe la déclaration par laquelle l'évêque de Bazas fut obligé de renoncer à la querelle qu'il avait intentée à l'abbaye de Saint-Benoît-sur-Loire, relativement au monastère de la Réole (3).

Dans le lieu où fut fondée l'abbaye de Sauve-Majeure, une dame nommée Hermengarde, avait accordé un petit espace de terre à un moine de Maillezais, qui désirait vivre dans la solitude. Le religieux y avait construit une chapelle, qu'il finit par abandonner; mais en apprenant qu'on s'était emparé de sa cellule, il s'en souvint, la

(1) *Manuscrits de* FONTENEAU.
(2) *Annales Benedictorum*, tom. V, p. 97.
(3) *Gallia christiana.* BESLY, tom. II, p. 585.

regretta et se rendit auprès de Drogon pour lui expliquer une perte, qui lui semblait si sensible. L'année suivante, l'abbé de Maillezais étant allé au concile de Bordeaux, il rencontra le fondateur de Sauve-Majeure et lui adressa de vifs reproches. Mais Gérard, aimant mieux tout abandonner que de garder ce qui ne lui appartenait peut-être pas, invoqua l'intervention du légat de Rome, et le conjura d'obtenir de Drogon ce quelque peu de terre. Cet abbé, peu soucieux de répondre, déclara que sa volonté était impuissante, qu'il avait besoin de l'avis de ses frères, qu'il devait les consulter. Alors, pour le pousser à bout, le cardinal légat se rendit à Maillezais, et pour décider les moines à renoncer à leurs droits, il usa de toute son influence; la lutte fut longue, incertaine, les religieux balancèrent longtemps; enfin dominés par l'ascendant de l'envoyé de Rome, ils renoncèrent à leur possession (1). Alors Drogon signa les priviléges du nouveau monastère (2).

Arrivé de Bordeaux, rassasié d'honneurs,

(1) *Annales Benedictorum*, tom. V, p. 162.
(2) *Nova Gallia christiana*, tom. II.

Drogon s'ennuie, sa puissance le fatigue ; sa mître qu'elle passe à une autre ; il la laisse, se fait simple moine, et se rend à Cluni pour attendre sa mort qui fut bonne (1).

La nouvelle nomination fut faite par tous les fidèles avec le conseil des évêques et des abbés réunis à Poitiers. L'évêque de cette ville, le duc d'Aquitaine, l'abbé de Luçon et les autres ayant pris part à cette élection, les religieux de Saint-Pierre firent entendre des actions de grâce, et ils dirent : Nous reconnaissons Gaufred pour notre chef, pour notre abbé, et nous inclinons volontiers nos têtes sous le joug de sa domination (2).

L'année 1082 devint funeste au monastère de Saint-Pierre, car une incendie le dévora presque en entier (3). Ce malheur fit impression sur le peuple, car bientôt les présens arrivèrent en foule pour réparer l'abbaye. C'est l'église de Saint-Pierre-de-Sèvre, ses dépendances et

---

(1) *Ibi bonâ morte obiit. Chronicon Malleacense apud* LABBE, p. 211.

(2) *Confirmamus dominum Gauffredum esse nobis rectorem et abbatem, et inclinamus capita nostra jugo suæ dominationis.*

(3) *Chronicon malleacense apud* LABBE, p. 212.

plusieurs héritages qui lui sont donnés par le nommé Richard, qui consent à leur abandon et à celui de la dîme qu'il avait reçue jusqu'alors sur les possessions de l'église concédée (1).

C'est Engilbert de Lezignem, qui donne à Dieu et à Maillezais la moitié de toute sa terre de Sauvéré, son église, les droits perçus pour la sépulture des morts et tous les autres bénéfices. Il abandonne aussi la moitié du fief de Hugues et la moitié du fief de Pierre de Fayant. L'abbé Gaufred, sensible aux présens qu'il reçoit, admet Engilbert de Lezignem au droit de Société, et lui promet en outre de le faire moine quand bon lui semblera (2).

Bientôt de nouvelles faveurs sont accordées à l'abbaye. C'est l'église de Saint-Germain-de-Claunay avec ses bénéfices; c'est la dîme des vignes de Saint-Martin; ce sont des domaines que quatre bœufs peuvent labourer; ce sont trois arpens de terre, une écluse et un moine nouveau, car le donateur fut admis parmi les cénobites de Saint-Pierre; alors en effet, on aimait

(1) *Manuscrits de* FONTENEAU.
(2) *Évesques de Poitiers*, par BESLY, p. 70 et 71.

à mourir sous la longue mante des moines, à l'ombre de leurs cloîtres, auprès de leurs églises (1).

En 1089, pour Maillezais encore une autre église, un village, des redevances nouvelles, de la laine, des fruits et du lin (2). Quand toutes les donations dont nous venons de parler furent accordées à l'abbaye, les bienfaiteurs n'oublièrent pas de mentionner dans les titres leurs femmes, leurs frères et leurs enfans, car pour rendre les concessions authentiques, il fallait alors qu'elles fussent ratifiées par la famille toute entière du donateur. Lui-même devait y faire inscrire son nom et les noms des témoins. Quelquefois aussi on y posait des croix ou le mot *signum* écrit tout entier. Les seigneurs qui, dans ces temps, ne savaient point écrire, levaient la main gauche en signe d'approbation, et les écrivains mettaient leurs noms sur les actes qu'ils étaient obligés de rédiger. Ensuite, en place des sceaux qui n'existaient pas encore, on attachait au bas des chartes des bandes de cuir pour y faire des

(1) *Manuscrits de* FONTENEAU.
(2) *Ibid.*

nœuds qui servaient au besoin de preuve et de témoignage (1).

Le 22 janvier 1090 paraît une bulle du pape Urbain II, qui confirme tous les biens, tous les priviléges de l'abbaye, et qui la soumet immédiatement au Saint-Siège. La même année, les religieux de Maillezais reçoivent l'église de Bazoges avec tous ses droits, toutes ses dépendances, car, par ces temps d'incroyable puissance individuelle, chacun pouvait construire des églises et par conséquent en disposer à sa volonté, les donner et même les vendre (2).

Ce fut vers ces temps que s'éleva l'église supérieure de Maillezais, le mur de l'ouest, du côté de l'église, conserve encore les traces des deux étages qui étaient séparés par des voûtes dont on voit les arrachemens : au centre de l'étage inférieur s'ouvrait la porte qui conduisait du narthex dans la grande nef : de chaque côté se trouvent de petites portes qui ouvrent vis-à-vis les allées collatérales et qui conduisent aux tours qui flanquent le narthex. On n'arrivait à ces portes qui

(1) *Diplomatique* de TASSIN.
(2) *Manuscrits* de FONTENEAU.

sont assez élevées que par un escalier de 15 à 16 marches. L'étage supérieur, qui était aussi voûté, a également trois ouvertures qui donnaient accès sur les parties correspondantes de la nef supérieure. Les voûtes de cette seconde église, comme celles de l'église inférieure, étaient cintrées et en blocage, à en juger par les arrachemens que l'on observe dans ce mur occidental et dans la paroi interne du collatéral nord. Celles du haut s'appuyaient sur des piliers rectangulaires sans chapiteaux; il n'en était pas ainsi des voûtes de l'église inférieure.

L'église supérieure est entièrement détruite. Voici ce qu'en dit un manuscrit dont nous devons la communication à M. de la Fontenelle : « Sur la première voûte, il y en avait une seconde de la même largeur et longueur, on y entrait par les deux escaliers des deux clochers du couchant. » En effet, les portes dont nous avons parlé, s'ouvrent justement au-dessus des arrachemens des voûtes inférieures. Les gens du pays ont vu ces voûtes et les clochers qui surmontaient les tours et le narthex. Il n'y a pas fort longtemps qu'ils ont été détruits. Dans le mur septentrional, où l'on remarque les arrachemens de ces doubles voûtes, s'ouvrent huit fenêtres, quatre en haut, quatre en bas. Ces fenêtres cintrées, sans ornement, fort étroites à l'intérieur, se terminent par des meurtrières au dehors.

Ainsi, nous retrouvons ici tous les caractères que nous avons déjà remarqués. Voûtes cintrées et en blocage, colonnes cylindriques, fenêtres droites et cintrées; tous ces caractères sont propres à l'architecture du onzième siècle. C'est donc à cette époque qu'appartiennent les tours, la salle de l'occident, les six travées inférieures et les quatre supérieures du collatéral septentrional.

Remarquons que cette disposition d'une église étagée pour ainsi dire au-dessus de l'autre, est sans exemple et qu'elle atteste la puissance et la richesse de l'abbaye qui avait pu faire exécuter de semblables plans; indépendamment de cette église supérieure, Maillezais avait aussi sa crypte, dont nous n'avons retrouvé que peu de vestiges.

L'abbé des Vallées vient de mourir; privés de leur pasteur, les moines versent des larmes abondantes et n'ont plus qu'une pensée, Maillezais.

Alors ils partent et déposent aux pieds de Gaufred leurs douleurs et leurs prières. « Un abbé, disent-ils, qu'il soit élu parmi les religieux de Saint-Pierre, qu'il soit sévère, qu'il nous conduise avec rigueur dans la voie de Saint-Benoît, et nous serons à vous. » Et ils se donnèrent, car on leur promit tout et même on ajouta: « Votre abbé, vous pourrez le prendre parmi vous, nous lui demandons seulement obéissance et soumission.» Ces conditions acceptées, Raynald, moine de Maillezais, fut nommé par Gaufred gouverneur de Saint-Etienne-des-Vallées (1).

En 1096, Hélie de Didonne et Avicie sa femme veulent aller visiter le Saint-Sépulcre; mais pour obtenir la protection de l'église et de Dieu et l'espérance de revoir la terre natale qu'ils vont laisser peut-être dans un jour de regret, ils donnent à l'abbé de Maillezais un bois, des vignes et des maisons; car à cette époque les grands et la foule pour accomplir le saint voyage sacrifiaient avec joie leurs droits et leurs fiefs. De son côté, l'abbé Gaufred veut donner quelque

---

(1) *Annales Benedictorum*, tom. V, p. 317.

chose à Didonne et à son fils, alors il leur accorde le bénéfice de son monastère, et grâce à leur mémoire, il promet de nourrir un lépreux, et après sa mort d'en prendre un autre et de lui rendre les mêmes soins (1).

Alors les hommes attaqués de la lèpre étaient reçus dans les monastères et dans les aumôneries; les bontés dont on les accablait étaient grandes, mais tant de soins firent naître bien des abus, et plus tard pour jouir de la paix, de l'abondance et du repos, des malheureux cherchèrent à gagner la dégoûtante maladie; aussi des voix mécontentes s'élevèrent, de longs murmures retentirent, et pour perdre les accusés on leur reprocha bientôt les crimes dont on chargeait les Juifs et les Bohèmiens (2). Au commencement du quatorzième siècle les lépreux voulurent, dit-on, empoisonner les puits et les fontaines de la Guienne et du Poitou; le projet fut découvert, alors les Juifs et les lépreux furent condamnés à périr dans les flammes (3). La lèpre exerça longtemps

(1) *Manuscrits de* FONTENEAU.
(2) LENOIR, *Musée des Monumens*, tom. II, p. 77.
(3) *Guillaume de Nangis*, p. 348 et 349, tom. XIII de la coll. GUIZOT.

ses ravages sur la terre du Poitou; cette affreuse maladie existait encore au commencement du seizième siècle dans l'hôpital de Poitiers (1).

(1) THIBAUDEAU, *Histoire du Poitou*, t. I, p. 362, édition in-8°.

CHAPITRE V.

—

L'abbé Pierre part pour la croisade. — Son retour. — Le duc d'Aquitaine vient à Maillezais. — Correspondance de Pierre. — L'aumône des trente Jours. — Le comte du Poitou. — Sa contestation avec les moines. — Un enfant est offert à l'abbaye. — Les novices. — Leur réception. — Catalogue de la bibliothèque. — La querelle relative à l'église de Charron se termine. — Bref du pape Innocent II. — Lettres vidimées de Louis-le-Jeune.

Un ermite a parlé pour le tombeau du Christ : l'enthousiasme est à son comble, la France s'est émue, la foule se précipite, le départ est immense. L'abbé de Maillezais, lui-même, abandonne avec joie sa tranquille demeure, ses moines et son église ; il veut, aussi lui, comme les fiers barons de la terre du Poitou, partir pour le désert, et s'agenouiller au sépulcre de Jérusalem. Son pélerinage accompli, l'abbé Pierre s'en revint sur les rives de la Sèvre, pour voir arriver, à l'ombre de ses cloîtres, le duc d'Aquitaine et sa cour toute entière; il vient, le puissant chef, pour visiter un prélat distingué, un habile orateur (1); il vient, le noble comte, pour écouter le murmure des flots si chers à ses aïeux; car, c'est là, dans les eaux qui reposent aux pieds de l'abbaye, qu'ils se sont livrés aux plaisirs de la pêche; c'est là, sous les grands chênes, qu'ils se sont livrés aux transports de la chasse (2).

L'abbé Pierre, qui n'avait pas craint les périls de la guerre pour aller à l'expédition sacrée, se distinguait surtout par son amour pour les sciences et les lettres; aussi, disait-il : les écrits de mon admirable *Cicéron* me suffisent, et font éprouver à mon âme de ravissantes émotions; aussi je pense, comme les poètes, que les hommes, fatigués des affaires, trouvent dans les loisirs de l'étude de douces consolations (3).

Le savoir de l'abbé Pierre reçut de nombreux

(1) BONGARS, *Gesta Dei per Francos.*
(2) *Manuscrits de* FONTENEAU.
(3) *Legant alii ingentia philosophorum volumina : mihi si quidem mei*

hommages : en effet, quand l'évêque de Dol publia son *Histoire de la première Croisade* (1), il fit parvenir au chef de Maillezais la lettre qui va suivre : « L'amitié m'oblige de parler et d'écrire; « en conséquence, moi, Baudry, évêque de Dol, « je te salue, mon Pierre, comme le gouverneur « de Maillezais, je te salue comme un pèlerin de « Jérusalem. Je rends grâces à mon Dieu qui t'a « conduit, qui t'a ramené; je rends grâces à Dieu « qui a si bien conduit tes pas (2). Je rends « grâces au ciel de pouvoir me confier à toi; « prêtre vénérable, voici ce que je demande à « ton amitié, à ta confraternité, c'est de revoir le « livre que j'ai composé sur Jérusalem. Si tu

admirandi Ciceronis scripta sufficiunt ; suaque inexplicabili ob dulcoratione animam legentis reficiunt, credet itaque quidquid veteres cecinere poetæ. BONGARS, *Gesta Dei per Francos*, p. 83.

(1) Cette *Histoire de la première Croisade*, par BAUDRY, se trouve dans le recueil de BONGARS, intitulé : *Gesta Dei per Francos*. Elle va depuis 1095 jusqu'en 1099. Le fond en est pris de Théudebode, historien véridique, dont le travail a été inséré par DUCHESNE, dans sa *Collection des Historiens de France*.

(2) *Saluto te, Petre mi, sicut malleacensem rectorem, soluto te sicut fratrem meum carissimum et viatorem Ierosolymitanum ; gratias ago Deo meo qui te duxit et reduxit, gratias ago Deo meo qui pedem tuum bené direxit.* BONGARS, *Gesta Dei per Francos*, p. 82.

« trouves des faits oubliés, dis-je moi pour que je
« puisse compléter mon œuvre et remplir mes
« omissions. S'il y a quelque chose de trop court,
« j'ajouterai de nouveaux détails; s'il y en a de
« trop longs, je saurai les abréger. Tout cela, je
« le destine à ton nom, pour recommander à la
« postérité ce qui t'appartiendra dans ce livre. Il
« est une autre chose que je demande avec ins-
« tance, c'est que tu m'écrives pour me saluer,
« moi, voyageur exilé dans le fond de la Bre-
« tagne. Quand tu auras revu, poli, corrigé mon
« ouvrage, je te prie de me le renvoyer avec la
« lettre que je t'écris. Maintenant, saluons-nous
« l'un et l'autre, afin de jouir l'un et l'autre d'une
« bonne santé; puissions-nous surtout nous
« revoir! »

Sensible au souvenir de l'ami qui lui fut toujours cher, l'abbé de Maillezais s'empressa de répondre : « Je suis presque surpris de l'honneur
« que tu m'as fait; aussi, ta lettre m'a causé une
« émotion bien vive. Moi! décrire les grandes
« actions de la Terre-Sainte! moi, qui suis frappé,
« accablé de leur grandeur! Ces nobles faits, je
« craindrais de les voir s'affaiblir sous ma plume

« débile; il est assez pour moi de les contem-
« pler, de les admirer; il est assez pour moi
« de les chérir de toute ma force, de toute mon
« âme. L'honneur que tu me fais, je le dois à ton
« indulgence, à tes bontés; je le dois à l'amitié de
« celui qui est arrivé aux plus hautes dignités de
« l'église, je les dois à l'homme distingué que pos-
« sède la bienheureuse Bretagne. Je te renvoie
« le livre que tu m'as adressé sur les guerres de
« la Terre-Sainte, et que tu m'as confié; moi,
« pélerin de la Terre-Sainte, je te le renvoie avec
« la lettre qui se trouve au commencement. Je
« suis bien surpris que tu m'aies donné ton ou-
« vrage pour le polir et pour le corriger, moi
« qui n'en suis pas capable, et qui possède à peine
« quelques germes de science. Maintenant, avec
« le salut que je te prie d'accepter, je mets fin
« à mes discours, et surtout je demande au
« ciel le plaisir de te revoir un jour, père tant
« désiré (1). »

Bientôt après il s'éleva des différends entre le monastère de Maillezais et celui de Saint-Serge-

---

(1) BONGARS, *Gesta Dei per Francos*, p. 85.

d'Angers. L'abbé de ce monastère, pour apaiser cette querelle, resta chez les moines de Saint-Pierre, et par ses paroles séduisantes il finit par les faire renoncer au prieuré de Vendagiaco, qu'ils abandonnèrent avec toutes ses possessions, toutes ses redevances. L'abbé de Saint-Serge-d'Angers, pour se souvenir de la bonne intelligence qui vient de renaître, promit de payer, chaque année, une rente de cinq sous au solitaire de Bourgueil, qui se plaisait à vivre et à prier dans la solitude de Chaunay.

Les deux abbés s'accordèrent, en outre, pour eux et leurs successeurs, le bénéfice des deux églises, c'est-à-dire qu'après leur mort, leurs noms seraient inscrits au martyrologe, et qu'en leur honneur on ferait l'aumône aux pauvres pendant un mois. Les religieux n'eurent point l'aumône des trente jours; pour eux, on ne dût faire la charité que le jour où leur mort serait annoncée; on leur accorda cependant un service, la messe et les psaumes *Verba mea* et *Voce meá*, pendant trente jours. Cet arrangement se fit le jour des Rameaux, de l'an 1110, au chapitre de Maillezais. Tout le monastère y consentit, les grands comme les petits, et les deux abbés se laissèrent, contens l'un de l'autre (1).

Guillaume IX, le puissant comte, le spirituel troubadour, veut suivre la coutume de ses pères et ajouter quelque chose aux richesses de Maillezais. D'accord avec son épouse, il met entre les mains de l'abbé Pierre l'église de Saint-Médard, avec toutes ses dépendances; il lui donne aussi plusieurs possessions, dont les hommes et les femmes furent libres, ne payèrent aucuns cens et ne durent obéissance qu'aux moines de Maillezais (2).

L'abbaye possède dans l'Ile de Charron, près Marans, dont elle n'est séparée que par un canal, une église, située dans la forêt qui appartient au comte du Poitou (3). Cette église ayant été négligée et presque abandonnée, l'abbé de Fontgombaud la fit demander au duc de l'Aquitaine; mais les moines de Maillezais et leur abbé s'en fâchèrent, et ils prirent fait et cause pour leur ancienne possession. Pour mettre fin à ces dé-

(1) *Manuscrits de* FONTENEAU.
(2) *Ibid.*
(3) ARCÈRE, tom. I, p. 137.

plorables difficultés, le comte du Poitou, qui se trouvait dans l'Ile de Charron, s'empressa d'aller à Maillezais ; là, suivi du prieur de Fontgombaud, il entre au chapitre pour adjurer l'abbé Pierre, de renoncer à ses prétentions, il le prie de mettre fin aux calomnies et aux contestations, qui poursuivent et désolent l'abbé qu'il protège. Alors, Thibaut, qui plus tard, devait porter la crosse des abbés, se lève avec tous les moines, et ils s'écrient : Nous ne pouvons pas abandonner l'église de Charron ; elle nous appartient depuis trop longtemps, sa possession nous est chère. Le comte irrité, répondit par de violentes paroles, et les moines effrayés de la lutte qui s'engageait avec un comte du Poitou, se retirèrent, et la querelle resta ce qu'elle était, pendante, indéfinie (1).

Un jour, quand tous les religieux sont réunis, et quand leur abbé dit la messe, le nommé Raymond s'avance avec son petit-fils, pauvre enfant qui se comprend à peine. Aussi, de sa main qui se joue, on lui fait envelopper dans les nappes de l'autel un serment qu'il ignore (2). S'il est né

(1) *Manuscrits de* FONTENEAU.
(2) *Ibid.*

pour la milice du Christ c'est bien ; mais s'il est fait pour les joies de la terre, pour les voluptés de la vie, dans un coin du cloître, assis à l'écart, on le verra maudire sa fatale existence, on verra sa poitrine, frappée d'un long martyre, se soulever et gémir ; mais qu'importe ! Le nommé Raymond dont la vie fut mauvaise sans doute a cru s'ouvrir les portes du Ciel : mais, qu'importe ! sa femme Mathicie, repose sous des dalles sacrées. C'est ainsi que pour dormir dans des lieux privilégiés ; c'est ainsi que pour tromper les cris de sa conscience, les âmes effrayées, sacrifiaient autrefois non seulement leur liberté, leurs maisons et leurs fiefs, mais encore les enfans sur le sein de leurs mères.

Aux temps de la ferveur, les véritables aspirans à la vie monastique avaient beaucoup à souffrir ; ils restaient souvent quatre ou cinq jours avant d'obtenir l'entrée d'un abbaye. S'ils persévéraient dans leur résolution, on les recevait au nombre des novices, et pendant une année, un moine leur parlait, les interrogeait, examinait leur vocation, leur lisait la règle toute entière. A plusieurs fois différentes, d'une voix grave et forte,

on disait au novice : « Voilà la loi sous laquelle tu
« veux combattre; si tu peux l'observer, entre; si
« tu ne le peux, vas en liberté (1). » On soumettait
les postulans aux plus vils offices, aux plus rudes
épreuves, ils balayaient les chambres, ils déchaus-
saient les hôtes, nettoyaient leurs souliers (2);
après, quand on avait reconnu qu'ils étaient
dignes d'être admis au nombre des moines, les
cloches sonnaient, toute la communauté se réu-
nissait dans l'oratoire, le postulant s'y rendait;
là, devant des reliques, il jurait d'être ferme, il
jurait obéissance, soumission, et il plaçait son serment sur l'autel, après l'avoir écrit de sa propre
main; s'il ne pouvait lui-même tracer ce solennel
abandon de sa vie et de sa liberté, un autre le
faisait à sa demande, et le novice y faisait ensuite
une croix en signe de consentement (3). Enfin,
après avoir donné tout ce qu'il avait aux pauvres
et au monastère, il laissait son habit, revêtait
celui des religieux, et, nouveau frère, il allait,
au bout de quelques jours, se mêler avec eux

(1) Guizot, tom. II, p. 78.
(2) Dom Calmet, tom. II. p. 500.
(3) *Règle de* Saint Benoit, ch. LVIII.

sous les portiques du cloître. La profession des frères de Saint-Benoît était souvent bien touchante. Dans plusieurs monastères, après avoir dit : Seigneur, prenez-moi, le novice se prosternait sur la terre ou sur un drap mortuaire. Pendant que les religieux récitaient des psaumes, pendant que l'abbé disait des prières, bénissait les habits, lui, l'exilé de ce monde, toujours sur la terre, toujours sur son drap de mort, passait à une autre existence ; il y passait au bruit des chants et des concerts qui brisaient, à chaque instant, quelque chose de sa vieille existence, et qui l'éloignaient pour toujours de la tombe de ses aïeux, du chaume de ses pères (1).

Bientôt après il s'éleva des différends entre le monastère de Maillezais et celui de Saint-Maixent, relativement au village de Prahecq ; mais le prieur de cette église, ayant promis de payer, tous les ans, à la mi-août, cinq sous de monnaie poitevine, au chapitre de Saint-Maixent, l'évêque de Poitiers, Pierre II, termina la querelle (2).

Vers ces temps, l'abbaye possédait une riche

---

(1) Dom Calmet, *Commentaire sur la Règle de Saint-Benoît.*
(2) *Manuscrits de* Fonteneau.

bibliothèque, ou librairie, car les bénédictins, qui vivaient à l'ombre de ses murailles, avaient toujours cherché, toujours recueilli. D'ailleurs, l'abbé Pierre, ce digne représentant de son ordre, n'avait rien négligé pour se procurer de précieux manuscrits. Parmi les trésors qu'il avait amassés, on pouvait alors remarquer les *Antiquités judaïques* de Flavius Josephe, les *Épîtres* de saint Paul et de saint Ambroise, les *Œuvres* de saint Hilaire, patron du Poitou, et celles de saint Augustin, le grâcieux orateur : on y pouvait aussi rencontrer une *Histoire de l'Eglise*, les *Gestes de l'Angleterre* et les *Poésies* de l'heureux Fortunat (1).

(1) Catalogue de la librairie de Maillezais, trouvé par M. de la Fontenelle de Vaudoré dans les manuscrits de la bibliothèque royale. *Historia nova*, lib. *I*. — *Genesis*, lib. *I*. — *Regum*, lib. *I*. — JOSEPHUS, *de Antiquitate*, lib. *I*. — *Egesippus*, lib. *I*. — *Omelia Origenis super vetus Testamentum*, lib. *I*. — *Aliarum Epistolarum libri duo*. — *Libri sancti Hylarii*. — HYLARIUS, *de Trinitate*, lib. *I* ; *de Sinodis*, lib. *I*. — *Libri sancti Jeronimi*. — *Historia ecclesiastica*, lib. *I*. — *Super Psalterium*, lib. *I*. — *Super Isaiam*, lib. *I*. — *Explanatio Jeremii*, lib. *I*. — *Super Mathœum*, lib. *I*. — *De Profectu animœ*, lib. *I*. — *Super Epistolas Pauli*, lib. *I*. — *Epistolæ Jeronimi et Augustini*, lib. *I*. — *Super Danielem*, lib. *I*. — *Explanatio Aimonis super Isaiam*, lib. *I*. — *Libri sancti Ambrosii*. — *De Officiis*, lib. *I*. — *Super Lucam*, lib. *I*. — *Epistolæ sancti Ambrosii*, lib. *I*. — *Libri sancti Augustini*. — *Super Johannem*, lib. *I*. —

Ancien moine de Saint-Maixent, ancien abbé de Saint-Liguaire, Thibault commence à gouver-

De Verbo Domini, lib. I. — *Super Psalterium*, lib. III. — *De Civitate Dei*, lib. II. — *De videndo Dei*, lib. I. — *De Doctrinâ christianâ*, lib. I. — *De Nuptiis*, lib. I. — *De Trinitate*, lib. I. — *De Confessione*, lib. I. — *Canticum graduum*, lib. I. — *Commonitorius*, lib. I. — *Speculum*, lib. I. — *Enchiridion*, lib. I. — *Genesis ad Litteram*, lib. I. — *Contrà Mendacium*, lib. I. — *De Diversis*, lib. I. — *Libri sancti Gregorii*. — *Moralia in tres libros*. — *Super Ezechielem*, lib. I. — *Register*, lib. I. — *Dialogus cum vitis Patrum*, lib. I. — *Pastoralis*, lib. I. — *Psalterium Cassiodori*, lib. II. — *Historia tripartita*, lib. I. — *Gregorius nazarenus*, lib. I. — *Johannes Isaurum super multipharidm*, lib. I. — *Decreta pontificum*, lib. I.

Isidorus : *Ethimoliegarum et super vetus Testamentum*, libri duo. — *De Ædificatione templi*, lib. I. — Beda, *super Epistolas canonicas*, lib. I. — *Gesta Anglorum*. — *Triginta Omeliarum*, lib. I. — *Expositiones Evangeliorum*, lib. I. — *Liber Miraculorum*, lib. I. — *Litus Patrum*, lib. II. — *Paradisus*, lib. I. — *Diadema*, lib. I. — *Vita comtemplativa*, lib. I. — *Johannes eleimona*, lib. II. — *Castrimargia*, lib. I. — *Gesta Pontificum*, lib. I. — *Institutionum*, lib. I. — *Bruchardus*, lib. I. — *Athanasius de Trinitate*, lib. I. — *Expositio apocalipsis*, lib. II. — *Expositio regulæ*, lib. I. — *Hildefons*, lib. I. — *Super Psalterium*, lib. I.

Paterius, lib. I. — *Amalarius*, lib. I. — *Benedictiones episcopales*, lib. I. — *Epistolæ Sidonii*, lib. I. — *De summâ Pace*, lib. I. — *Glossarius*, lib. I. — *Ordo romanus*, lib. I. — *Fortunatus*, lib. I. — *Juvencus cum Prudentio ligninorum*, lib. I. — *Medicinalis*, lib. I. — *Consuetudines*, lib. IV. — *Passionales Virginum*, lib. I. — *Vita sancti Egidii*, lib. I. — *Vita sancti Martialis*, lib. I. — *Vita sancti Martini*, lib. I. — *Vita sancti Nicholai*, lib. I. — *Vita sancti Elegii*, lib. I. — *Vita sancti Tillonis*, lib. I. — *Collationes patrum*, lib. I.

ner vers 1130(1). Cette même année, la querelle, relative à l'église de Charron, se renouvela. Le doyen et archidiacre de l'église de Saintes fut chargé, par son évêque, de mettre fin à ces différends : dans cette intention, il réunit les abbés de Maillezais et de Fontgombaud. Celui de Maillezais se plaignit, en disant que son antagoniste lui avait enlevé l'église de Charron que son abbaye possédait depuis longtemps. Il assura surtout que cette antique possession n'avait point été abandonnée; et, pour preuve, il offrit de produire le témoignage de plus de trente moines. Le doyen et archidiacre de Saintes, après avoir écouté les deux parties, consulté l'abbé d'Angers, le prieur de Saint-Eutrope, le prieur de Saint-Vivien, l'archiprêtre Ranulphe et les chanoines de son église, demanda à l'abbé de Fontgombaud quelles étaient les preuves pour attester que l'abbé et le chapitre de Maillezais lui avaient abandonné l'église de Charron. L'abbé répondit qu'il n'en avait point; cependant, à la fin, il produisit deux méchans laïcs, de mauvaise répu-

---

(1) *Nova Gallia christiana*, t. 1. col. 1336.

tation, et, à leur aide, il voulut soutenir ses prétentions ; mais ces hommes, sans foi, étaient peu propres à servir une cause, qui d'ailleurs n'avait en sa faveur ni preuves ni convictions. Aussi le doyen de Saintes termina l'affaire, en adjugeant à l'abbé de Maillezais l'église de Charron (1).

Sous l'abbé Thibault, Pierre de Tronelle ayant enlevé à l'église de Maillezais une partie de Mouzeuil, il fut excommunié. L'affaire n'en resta pas là, et, vers 1135, le duc d'Aquitaine, Wilhelm, et l'évêque de Poitiers, Guillaume II, se rendirent à Fontenay. Les deux parties y vinrent aussi, et le jugement commencé, l'abbé Thibault prit la parole devant son évêque et son souverain. Son discours fut si habile, que son adversaire ne put lui répondre : alors, pour éviter l'arrêt qui le menaçait, Pierre de Tronelle chercha un faux-fuyant, et proposa de traiter, quant au fond ; mais il ne fut point écouté, et l'abbé de Maillezais fut admis à rentrer dans ses droits, et la possession de Mouzeuil, libre et tranquille, lui fut assurée pour toujours (2).

(1) *Manuscrits de* FONTENEAU.
(2) BESLY, p. 404.

Cette année, 1135, l'abbé de Maillezais éprouva de douces émotions, car il vit les priviléges de son monastère confirmés par le pape Innocent II, qui les lui envoya en ces termes : « Mon fils, comme nous devons protéger, d'une « manière particulière, ceux qui sont attachés au « bienheureux Pierre et à la sainte Eglise ro- « maine, nous consentons à votre demande. Fi- « dèle à ceux qui nous ont précédé dans la « chaire apostolique, nous avons résolu que l'ab- « baye de Maillezais jouisse, d'une manière pleine « et entière, de tout ce qu'elle possède et de tout « ce qu'elle pourra recevoir des pontifes, des « princes, des fidèles. Pour que votre monastère « reste sous la protection de Rome, et ne dé- « pende que de sa juridiction, le pape seul y aura « des droits. Aucun prêtre, à moins que l'abbé n'y « consente, ne pourra y célébrer les solennités de « la messe. Le chrême, l'huile sainte, vous les re- « cevrez de l'évêque de Poitiers, si toutefois il est « en paix avec l'église de Rome, et s'il veut tout « faire sans recevoir la plus légère rétribution; « autrement, l'abbé de Maillezais pourra choisir « parmi les autres évêques qui bon lui semblera.

« Pour preuve des libertés et de l'indépen-
« dance que le souverain pontife vous accorde,
« vous paierez, tous les ans, au palais de Latran
« vingt sous de monnaie courante. Nous décré-
« tons, en outre, que, parmi les hommes, nul
« n'aura le pouvoir et la permission de troubler
« le monastère, de lui enlever ses possessions,
« ou de retenir celles qui lui ont été enlevées, de
« les diminuer ou de les fatiguer par de témé-
« raires vexations. Toutes ces possessions sont
« sacrées; elles ne doivent servir qu'au soutien
« de ceux pour qui elles ont été données. Si quel-
« qu'un est tenté d'agir contre nos volontés,
« qu'il soit privé de ses honneurs et banni de
« l'église (1). »

En 1137, Louis-le-Jeune, roi de France et duc d'Aquitaine, par son mariage avec Aliénor, fille unique du dernier des Guillaume, proclame des lettres vidimées, par lesquelles il accorde aux monastères de l'Aquitaine la liberté d'élire leurs abbés, et confirme les priviléges, les immunités et les biens donnés à leurs églises (2.)

(1) *Manuscrits de* FONTENEAU.
(2) *Ibid.*

CHAPITRE VI.

—

Gaudin. — Les avoués ou protecteurs d'abbayes. — Sebran Chabot. — Son jugement. — Henri II, roi d'Angleterre. — Traité conclu avec l'abbaye de Saint-Étienne-des-Vallées. — Pierre de la Garnache à Maillezais. — L'abbé Philippe. — Le seigneur de Marans. — Aliénor d'Aquitaine. — Le port de Maillé. — L'abbé Guillaume. — Guerres et poésie. — Thibault-Chabot. — Guillaume II. — La charge de queux ou maître de cuisine. — Prospérité des monastères.

Quand Gaudin eut été nommé abbé de Maillezais, le seigneur de Vouvent, Sebran Chabot, prétendit qu'il avait des droits sur l'abbaye, en qualité de protecteur. Etablis sur le modèle des défenseurs de l'Église, si connus, à Rome et en Orient, aux cinquième et sixième siècles, ces protecteurs qui portaient aussi le nom de pasteurs et d'avoués, veillaient pour les biens temporels des abbayes. Ils devaient jurer pour elles, plaider pour elles, et se battre en duel quand il fallait obéir aux usages de ces temps, où la loi, représentée par un glaive, dormait dans le chaos. Les avoués rendaient aussi la justice, et marchaient à la tête des hommes d'armes, qu'on demandait aux monastères, pour les combats sans fins qui s'élevaient et s'agitaient sur le sol de la France féodale (1).

Cette institution des protecteurs ou avoués ne fut définitivement établie parmi nous que sous Karle-le-Grand. Le puissant empereur, prévoyant les désordres qui suivraient son règne, établit pour chaque abbaye un défenseur : il eut raison, car le siècle, qui vint après lui, fut triste, et le sol de la Gaule exposé aux tempêtes publiques, aux incursions des barbares du nord, éprouva d'horribles pillages. Pour diminuer ces malheurs, les comtes, les ducs, quelquefois même les rois, se firent protecteurs d'abbayes (2). Ce titre élevé dut appartenir au seigneur du pays, surtout à ceux qui avaient des biens près

---

(1) *Diplomatique de* Dom Tassin, tom. V, p. 428.
(2) *Alta serra de ducibus et comitibus provincialibus*, p. 29.

des monastères qu'ils étaient chargés de défendre; mais tout faillit, tout dégénère : avec le temps ces fonctions d'avoués devinrent héréditaires, et ceux qui les possédaient, insatiables de droits et de revenus, envahirent souvent ce qui leur était confié (1). Alors, malgré les sermens qu'ils prêtaient, ils devinrent les tyrans des églises et des monastères, ce qui souvent obligea les abbés et les moines à racheter le droit d'avourie, quand l'occasion s'en présenta (2).

Le différend, survenu entre l'abbaye de Maillezais et Sebran Chabot, relativement à ce droit de protection, s'envenimant de plus en plus, la cause fut portée au tribunal de Louis-le-Jeune qui se trouvait à Saint-Jean-d'Angély. L'assemblée était nombreuse : on y remarquait Hugues de Lezignem, le comte d'Angoulême, le chancelier de France et plusieurs prélats distingués (3). Quand l'affaire fut appelée, le fier Sebran se leva et dit : « La protection de Maillezais m'appartient par droit héréditaire; si quelqu'un

---

(1) Félibien, *Histoire de Saint-Denis*, p. 131.
(2) Dom Tassin, tom. V, p. 430.
(3) Besly, p. 309.

a des réclamations à y faire et ne peut obtenir justice, il doit, avant de se plaindre, avoir recours à moi. Si, dans l'abbaye, il se trouve un audacieux capable de m'adresser des injures, j'ai le droit de le dénoncer à l'abbé de cette église, et sur-le-champ le coupable doit être envoyé devant ma justice. Cependant, si le chef de Saint-Pierre, après avoir entendu la plainte, ne renvoie point l'accusé, ou le garde trop longtemps, je dois forcer le rebelle à se présenter devant moi; je le puis malgré Gaudin lui-même. Ce droit d'intervention, moi et les miens, nous l'avons depuis longtemps; nos aïeux le tiennent des princes du Poitou : comte fidèle, je dois remplir mon mandat. »

Gaudin répondit : « Maillezais précéda Vouvent; fondée par Guillaume-le-Grand, cette forteresse ne fut point destinée à protéger ce que Dieu nous a donné. Maillezais ne relève que du pape; les puissans comtes, ses fondateurs, lui donnèrent la liberté : seuls, parmi les hommes du siècle, ces chefs généreux ont le droit de nous défendre; nous leur devons tout, nous vivrons à l'ombre de leur puissance. » Gaudin se tut, et des vieillards vinrent, des vieillards, à la parole grave, à la tête blanchie ; tous apportent, en faveur de Maillezais, les raisons les plus convaincantes ; tous déclarent que l'abbaye ne fut jamais soumise ; ensuite ils déroulent de longues chartes, ils les lisent ; toutes proclament que l'église de Saint Pierre fut libre, que cette liberté exista toujours.

Alors les juges se disposent à prononcer leur arrêt ; mais le fier Sebran se leva de nouveau, et, pour reculer sa défaite, il s'écria : « Mes droits sont certains, votre jugement, je le refuse ; je ne reconnais que celui de Dieu ; le duel, le fer chaud, l'eau bouillante, j'accepte tout, peu importe (1). » A ces paroles tumultueuses, l'assemblée n'hésita plus, et un jugement défavorable retentit aux oreilles du seigneur de Vouvent. « Maillezais est libre, Sebran Chabot est ennemi de toute justice, ses prétentions sont vaines, lui et ses héritiers n'auront jamais de droits sur l'église de Saint-Pierre. » Cet arrêt fut rendu le 2 février 1151 (2), et confirmé, au mois de mars de la même année, par

---

(1) *Généalogie des Châteigner*, par Duchesne, liv. VIII, p. 483.
(2) Besly, p. 310.

l'archevêque de Bordeaux, l'évêque de Saintes et Hugues VII, sire de Lezignem (1).

Le roi d'Angleterre, Henri II, ayant épousé Aliénor, qui s'était séparée de Louis-le-Jeune, il devint duc d'Aquitaine. En cette qualité il confirme, en 1156, les faveurs dont Guy Geoffroy, comte de Poitou, avait comblé l'abbaye (2). Vers cette année, l'abbé Gaudin et Guillaume de Clairvaux, eurent des différends relatifs au port de Maillé. L'abbé de Maillezais prétendit que le fils de Guillaume y avait exercé des ravages, enlevé et tué quelques hommes; pour comble d'insultes, il avait, disait-on, refusé de se présenter devant sa justice. Alors l'archevêque de Bordeaux, légat du pape, frappa Guillaume d'anathême; car, dans ces temps d'abusive autorité, c'était la coutume envers les séculiers qui conservaient quelque peu d'indépendance.

L'évêque de Poitiers ayant été nommé juge dans cette affaire, Guillaume irrité refusa sa justice, déclara qu'il avait des droits, qu'il saurait les défendre. Homme de cœur, il aurait honte

---

(1) DUCHESNE, *Généalogie des Châtaigner*, liv. VII, p. 483.

(2) *Manuscrits de* FONTENEAU.

de mettre fin si vite au différend qui s'engage. L'évêque de Poitiers, s'étant rendu à Niort, parvint à calmer les esprits; mais la convention fut digne de ces temps orageux. Tout en levant l'excommunication, l'abbé de Maillezais put reprendre plus tard la dispute commencée. Tout en octroyant à son ennemi la paix d'une année, Guillaume se réserva un droit digne de son courage : la trêve expirée, il fut libre de reprendre l'anathème lancé contre sa tête, et libre aussi de recommencer la lutte et la tourmente. Néanmoins, Guillaume et le fils de Guillaume mirent leurs mains dans celles de l'abbé, et promirent d'observer pour eux et pour les leurs la paix qui fut jurée; ils promirent, en outre, de ne rien faire contre l'abbé de Maillezais et son église, à moins que la justice, due à tous, ne leur fut refusée par le chef du monastère de Saint-Pierre (1).

Les moines de Sully, qui dépendaient de l'abbaye de Saint-Etienne-des-Vallées, voulant se dérober à la domination de ce dernier monastère, le chef de Saint-Etienne se rendit à Maillezais pour

---

(1) *Manuscrits de* FONTENEAU.

prier l'abbé Gaudin de venir à son aide; mais l'ambitieux prélat, profitant des embarras de son confrère, lui répondit : « Vous aurez mon appui, mais vous abandonnerez vos droits. Que vous importe? moi et mes successeurs nous paierons vos avances. » Alors l'abbé de Saint-Etienne, suivi de Gaudin et de plusieurs religieux, partit pour son abbaye : à son arrivée il réunit son conseil, et, d'après l'avis de ses frères, il abandonna Sully, mais à condition de recevoir le tribut accoutumé (1). Sur-le-champ l'abbé de Maillezais déclare que tous les ans, à la Circoncision, il paiera vingt sous à l'abbaye des Vallées; si cependant, au jour prescrit, la redevance n'est pas rendue, et si l'abbé de Saint-Etienne envoie un serf pour la toucher, il recevra vingt-cinq sous; si c'est un moine, il en recevra trente. Cette convention faite, les deux prélats se rendirent à Tours, et les moines de Sully, dominés par leur ascendant, se soumirent humblement. Après avoir reconnu l'abbé des Vallées pour leur chef, ils envoyèrent à sa rencontre une procession qui lui livra les

---

(1) *Nova Gallia christiana*, tom. II, col. 381, *ad instrumenta*.

clefs du monastère; mais ces clefs ne firent que passer dans ses mains; il fallut les transmettre à l'abbé de Saint-Pierre (1).

En 1159, Pierre de la Garnache, se rendant près du roi d'Angleterre, fait demander l'hospitalité aux moines de Maillezais; les frères le reçoivent avec tant de politesse et de bienveillance, qu'il est bientôt prévenu en faveur de l'abbaye; mais quand il est instruit des services qu'elle a rendus, quand il voit le zèle et la piété des frères, son enthousiasme redouble, et il n'a plus qu'une pensée, celle de participer à leurs prières. Alors il se rend au chapitre où le prieur et les moines lui accordent sa demande; il en fut si content, qu'il leur abandonna la troisième partie des sèches (2) qu'il pêchait à Beauvoir-sur-Mer; c'était tout ce qu'il lui en restait. En sortant du chapitre, l'admirateur de Maillezais se rendit à l'église; et, suivi de plusieurs moines, il s'appro-

(1) *Nova Gallia christiana*, tom. II, col. 382.

(2) Les sèches étaient des poissons de toute espèce : on les nommait ainsi, parce qu'on les faisait dessécher; ils étaient bien utiles dans ces temps où les austérités et les jeûnes étaient si fréquens.

cha de l'autel pour confirmer le présent qu'il venait de faire.

Le dimanche des Rameaux, de l'an 1160, Hervé, fils de Giroard, renouvelle les bienfaits de son père en faveur de l'abbaye, et lui rend ce qu'elle avait jadis possédé. Alors l'abbé Gaudin, avec l'assentiment de ses frères, remet au généreux Hervé la jouissance de tous ses biens, en lui enlevant toutefois la faculté de les vendre ou de les engager. Cet abandon ne fut pas perdu : le fils de Giroard, rempli de reconnaissance pour les moines de Maillezais, les nomma ses légataires universels ; il leur donna, en outre, son âme et son corps après sa mort ; ensuite il fit lui-même poser sur l'autel la charte qui prouvait sa donation (1).

En 1162, l'abbaye de Saintes se querelle avec les moines de Maillezais et de Saint-Pierre-d'Oleron, qui lui refusent la dixième partie des fruits qui croissent sur les terres de leur île. Quand le jour fixé pour terminer tous ces débats fut arrivé, Gaudin et le prieur de Saint-Pierre-d'Oleron

---

(1) *Manuscrits de* FONTENEAU.

ne vinrent point argumenter vainement contre les titres et les chartes ; aussi furent-ils condamnés par l'archidiacre de Saintes à payer la vieille redevance consacrée par l'usage et les temps (1).

Sous l'abbé Philippe, successeur de Gaudin, la prospérité de Maillezais était dans toute sa plénitude, dans toute sa force; on aimait alors à lui consacrer sa fortune et sa vie. Tantôt ce sont des prés, des vignes, des moulins qu'on lui donne; tantôt c'est un homme qui fuit le monde pour vivre et mourir sous l'habit de ses moines, à l'ombre des grands chênes qui s'élèvent non loin de son église (2).

Pour être l'homme de Maillezais, le seigneur de Marans, Othon de Mauzec, prétend qu'il faut lui payer cent sous : Philippe les lui refuse, n'en offre que cinquante comme à l'ordinaire, et Othon mécontent se brouille avec l'abbaye (3).

En 1170, Aliénor d'Aquitaine, duchesse de Normandie et comtesse d'Anjou, donne et confirme à l'abbaye de Maillezais le minage de

(1) *Mss. archives de l'abbaye de Notre-Dame-de-Saintes.*
(2) *Manuscrits de* FONTENEAU.
(3) *Ibid.*

Maillé (1). Ce fut dans ce village qu'à la fin du dix-huitième siècle, on trouva des aqueducs en pierres de taille, réunies par du ciment pareil à celui des Thermes de Poitiers : l'un de ces canaux venait de Vix. Dufour prétend que Maillé fut le *secor portus* des anciens; il est difficile de s'en convaincre : quant à l'existence d'un port, elle est certaine. En effet, la Sèvre passant dans des marais formés par les eaux de la mer, dut avoir autrefois un lit plus large et plus profond que celui d'aujourd'hui. Massé-Isidore, dans sa *Vendée poétique*, prétend que le port des Sables représente le *secor portus;* c'est encore une erreur. M. de la Fontenelle, l'un des savans les plus distingués de la France, nous donnera plus tard sa véritable position. L'existence du port de Maillé est néanmoins certaine; plusieurs chartes du douzième siècle parlent de lui et des chargemens de sel qu'on y faisait (2). Aujourd'hui encore on y embarque le blé que l'Ile de Maillezais produit avec tant d'abondance.

Les possessions de l'abbaye étaient souvent

---

(1) Dufour, *Histoire du Poitou*, tom. I, p. 209.
(2) *Ibid.*

plus lointaines que le port de Maillé. C'est ainsi qu'elle avait, dans l'île d'Oleron, une terre nommée Sacerloth, où les religieux de Notre-Dame-de-Saintes prétendirent que la dîme toute entière des bestiaux, des maisons, des vignes, leur était due; les moines de Saint-Pierre ayant déclaré le contraire, la contestation fut portée devant le pape Alexandre, qui la renvoya devant l'évêque de Poitiers, Jean III aux Belles-Mains. Ce prélat se rendit à Niort, où se trouva le prieur de Maillezais, avec plusieurs autres. Après avoir tout écouté, tout examiné, l'évêque de Poitiers déclara que les moines de Maillezais paieraient, chaque année, au monastère de Saintes, quinze mesures de sel et cinq mesures de vin, nommées muids : le muid valait douze setiers. (1).

Le seigneur de Marans dont nous avons parlé, Othon de Mauzec, à cause des guerres qui désolaient l'Aquitaine, fut saisi de crainte pour l'abbaye de Saint-Pierre : alors il se rendit au chapitre de Maillezais, renonça aux cent sous qu'il avait demandés, se contenta de cinquante,

(1) *Manuscrits de* FONTENEAU.

et jura d'employer toute sa force et toute sa puissance à défendre les religieux et leurs propriétés : il confirma, en outre, la possession de tous les biens que ses prédécesseurs et les habitans de Marans pouvaient avoir accordé à l'abbaye. Pour récompense, l'abbé Guillaume et tout son couvent donnèrent à Othon de Mauzec le bénéfice de leur église, et le firent participer aux prières que l'on accordait aux vivans et aux morts (1). La protection qu'il venait d'offrir et de promettre était bien utile, car l'Aquitaine était sillonnée par le fléau de la guerre intestine : les divisions de Henri, roi d'Angleterre, et de ses fils, recommençaient à toute heure. A tout moment, Richard quittait et reprenait les armes, et, à l'instigation du roi de France, les belliqueux Poitevins se levaient pour jeter des cris d'indépendance; de pauvres châtelains se réunissaient aux insurgés (2), et par haine, et dans l'espoir de faire fortune, ils s'attaquaient aux riches abbayes, dont presque tous les chefs reconnaissaient le pouvoir de l'Angleterre.

(1) *Manuscrits de* FONTENEAU.
(2) *Insurrexerunt multi viri inopes.* DOM BOUQUET, tom. XII, p. 418.

Par ces temps de luttes intestines, la poésie faisait les délices de nos aïeux; ils combattaient au bruit des vers, ils se reposaient aux refrains de leurs chansons. Parmi ces guerriers, parmi ces poètes, se distingua Bertrand de Born (1). Quand ses chants généreux parcouraient la province d'Aquitaine, quand ils passaient près des cloîtres de Saint-Pierre, plus d'un religieux dut frémir, plus d'un, sans doute, aurait voulu combattre au bruit de ses belliqueux refrains : « Le patriotisme seul ne guidait pas les
« fiers Aquitains : ils aimaient aussi les combats
« pour ce qu'ils ont de pittoresque et de poéti-
« que; pour le bruit, l'appareil et les émotions du
« champ de bataille, pour voir les armes reluire
« au soleil et entendre les chevaux hennir au
« vent (2); un seul mot d'une femme les faisait
« courir à la croisade, sous la bannière du pape
« qu'ils estimaient peu, et risquer leur vie contre
« les Arabes, le peuple du monde avec lequel ils
« avaient le plus de ressemblance morale (3).

(1) Thierry, tom. III, p. 324.
(2) *Poésies des Troubadours*, tom. IV, p. 16.
(3) *Ibid., passim.*

« A cette légèreté de caractère ils joignaient les grâces de l'imagination, le goût des arts et des jouissances délicates; ils avaient l'industrie, la richesse; la nature leur avait tout donné, tout, hors la prudence politique et l'union, comme issus d'une même race et enfans d'une même patrie. Leurs ennemis s'entendaient pour leur nuire; eux ne s'entendaient pas pour s'aimer, se défendre et faire cause commune; ils en ont durement porté la peine, en perdant leur indépendance, leurs richesses et jusqu'à leurs lumières. Leur langue, la seconde langue romaine presque aussi polie que la première, a fait place, dans leur propre bouche, à un langage étranger, dont l'accentuation leur répugne, tandis que leur idiôme national, celui de leur liberté, de leur gloire, celui de la belle poésie dans le moyen-âge, est devenu le patois des journaliers et des servantes. Mais aujourd'hui les regrets, causés par ces changemens, seraient inutiles : il est des ruines que le temps a faites et qu'il ne relevera pas (1). »

(1) *Hist. de la Conquête de l'Angleterre*, par Thierry, tom. III, p. 108 et 109.

Thibault Chabot, deuxième du nom, sire de Vouvent et de la Roche-Servière, renouvelle, en 1173, les prétentions que son père avait eues au sujet de la garde et avouerie de l'abbaye de Maillezais (1). La fille de ce seigneur, Eustache, dame de Vouvent, épouse Geoffroy de Lezignem, premier du nom, frère du comte de la Marche, Hugues VIII, et par ce mariage elle porte à sa nouvelle famille ses différends avec le monastère de Saint-Pierre. Dans les flancs d'Eustache naquit l'un des hommes les plus renommés de son temps, le célèbre Geffroy II, surnommé la Grand-Dent (2) : Eustache, devint sous la plume des romanciers, la célèbre Mellusine.

En 1181 l'abbaye avait changé de chef : alors elle était gouvernée par un autre Guillaume, dont la naissance était illustre; car il appartenait à la famille des Châteigner, seigneurs de Saint-Georges-de-Rexe (3).

Sous ce nouvel abbé, le nommé Seguin prétendit que la charge de queux ou de maître de cuisine,

---

(1) *Histoire de la maison des Châtillon*, par DUCHESNE, liv. VIII, p. 484.
(2) ANSELME, tom. IV, p. 558.
(3) *Généalogie des Châteigner*, p. 68.

que ses ancêtres avaient possédée à titre de fief ou de bénéfice, lui appartenait par droit de succession. Guillaume, s'étant refusé à sa demande, il en résulta de graves inconvéniens et le monastère fut exposé aux injures les plus insultantes. Pour apaiser cette déplorable affaire, l'abbé de Maillezais, de l'avis de son chapitre, consentit à donner au nommé Seguin, deux setiers de froment, deux obes de vin, le jour où on les donnait aux moines, et un pain de grand poids pareil à celui des frères; il lui rendit en outre le fief de la cuisine et de l'infirmerie, obtenu par ses aïeux, et qui leur avait été donné par un Humbert, abbé de Maillezais, dont nous n'avons pas parlé, car nous ne connaissons que son nom (1).

Le titre de queux ou de maître de cuisine était brigué dans les abbayes, il devenait héréditaire pour ceux à qui les abbés l'accordaient. Le maître queux avait sa part dans les bêtes qui se tuaient, comme la tête, les pieds, le cou, le ventre. La place de maître de cuisine avait le nom de fief ou de bénéfice; car c'était un reste de l'ancien usage,

---

(1) *Manuscrits de* FONTENEAU.

par lequel on appelait fiefs ou bénéfices, les dignités, charges, emplois et domaines, que les rois donnaient à ceux qui les avaient bien servi et qu'ils voulaient récompenser; aussi *feudum ou beneficium*, étaient originairement synonimes et signifiaient seulement une récompense de quelque nature qu'elle fût. La dignité de grand queux était autrefois une dignité de la couronne (1).

En 1184, l'abbaye de Maillezais, reçoit du comte du Poitou, Richard d'Angleterre, plusieurs possessions dans le fief de Coulonges, elle les reçoit libres et sans retenue, elle obtient en outre les cinquante sous que son abbé payait au seigneur de Marans, et une écluse pour la nourriture de ses moines. En échange, elle donna Saint-Remi de la Haye, cependant elle y conserva l'église, les maisons en ruines, les monastères et quelque peu de terre à l'entour. Elle garda encore le bois nécessaire à l'entretien de ses maisons et la dîme de tout ce qu'elle avait cédé, et dans le cas où les réserves et les redevances ordinaires ne suffiraient pas pour la nourriture et le vête-

---

(1) *Manuscrits de* FONTENEAU.

ment des moines, le prince anglais dût pourvoir à tout (1).

Dans ce siècle, la vie monastique était dans toute sa splendeur, dans toute sa puissance ; aussi les monastères surgissaient de tous côtés, car en fonder selon dom Martène, c'était placer son or et son argent dans les greniers du ciel. Le nombre des abbayes suivait donc la progression de leur incroyable influence, les pauvres y couraient, pour vivre à l'ombre de tant de richesses, les criminels, pour échapper à la justice séculière, les hommes fatigués de la vie mondaine, pour pratiquer en paix de longues austérités ; les favoris du génie, pour faire croître leur renommée et surgir ensuite aux gloires de l'église, aux premières dignités de l'état.

Ces congrégations religieuses étaient souvent de petits états qui vivaient paisiblement dans un autre. Aussi dans ces temps où l'empire et l'autorité furent abandonnés par les peuples et les chefs des peuples, aux pratiques religieuses et aux prêtres, les abbés étalaient souvent au dedans

---

(1) *Généalogie des Châteigner*, aux preuves, p. 32 et 33.

comme au dehors de leurs brillans monastères, tout le faste et l'orgueil des princes de la terre. C'est ainsi que les abbés de Saint-Denis avaient toujours à leur suite des officiers religieux et laïcs. Lorsque le chef de la célèbre abbaye sortait de son cloître il était suivi d'un chambellan et d'un maréchal dont les offices étaient érigés en fief (1).

(1) *Histoire de Saint-Denis*, par FELIBIEN, liv. V, p. 279.

CHAPITRE VII.

L'abbé Clément. — Embellissemens de Maillezais. — Raoul de Mauléon. — Bulle du pape Célestin en faveur de l'abbaye. — Départ des Colliberts. — Le prieuré de Ligugé. — Lutte de l'abbaye avec l'évêque de Poitiers. — Elle succombe. — Donations faites à l'abbaye. — L'abbé Étienne. — Desséchement des marais. — Geffroy 1er de Lezignem et Guillaume de Valence. — Malheurs de l'abbaye. — Guillaume III. — Il se rend à Rome. — L'abbaye est pillée, ravagée. — Geffroy II, la Grand-Dent. — Mort de Guillaume. — Geffroy reparaît.

En 1185, le seigneur de Vix, de concert avec son fils Aiméri, sa fille et sa femme, donne à l'abbaye de Saint-Pierre tout ce qu'il a de libre dans le fief de l'Hermenaud, maison de campagne des abbés; il le donne à condition que les cénobites de Maillezais lui paieront tous les ans à la

Sainte-Eulalie et dans sa maison de Benet, trois sous de redevance; cette redevance devait être doublée dans trois occasions différentes, pour le mariage de sa fille, pour sa rançon s'il était fait prisonnier, et pour la paie de morte-main, c'est-à-dire le rachat qui était dû au seigneur après la mort du vassal. Si, à l'époque indiquée, le cens n'était pas payé, alors il fallait donner le double. Aimeri de Montfaucon, qui tenait le fief de l'Hermenaud, dut rendre hommage à l'abbé de Maillezais, lui payer le rachat de morte-main et lui donner tous les deux ans un cheval de service et les autres tributs qu'il avait coutume de rendre au seigneur de Vix (1).

Ce fut à cette époque sans doute que l'église de Maillezais reçut de nombreux embellissemens. La partie supérieure du grand mur du nord, depuis les fenêtres en plein cintre jusqu'au transsept, appartient à cette époque, c'est bien la fin du douzième siècle, l'architecture de transition ; c'est elle qui, laissant l'architecture romaine, nous conduit aux pompes et à la majesté du style

---

(1) *Manuscrits de* Fontenau.

ogival. Que de perfection déjà, que d'élégance et de grâce dans ces trois fenêtres, qui sont là pour attester qu'à toutes les époques l'abbaye fut grande et somptueuse.

Tous les ans à la Saint-Jean, un repas magnifique est prêt dans l'abbaye de Maillezais, et le père du fameux Savary, Raoul de Mauléon suivi de tous les siens, peut s'asseoir à la table splendide; mais il vient de prendre la mante du croisé, lui, qui va partir pour la Terre-Sainte, lui que le fer des Musulmans ensevelira peut-être dans les sables du désert, il n'a plus besoin de ce jour de fête, il y renonce pour lui et pour les siens. Une fois dans la route des concessions il y entraîna son frère Guillaume, et celui-ci abandonna au prieuré de l'Hermenaud les douze deniers qui lui étaient payés tous les ans à la Sainte-Radégonde; de son côté l'abbé Clément, secondé par son chapitre, promit de prier pour Raoul, le pieux pélerin, il promit de rendre à ce bienfaiteur descendu dans la tombe, les honneurs dûs aux abbés et aux moines: il promit aussi de nourrir quarante pauvres pour honorer sa mémoire, et d'admettre une année toute entière l'un de ces infortunés à la table des religieux. Les moines de l'Hermenaud suivirent l'exemple de Maillezais à l'égard de Raoul et Guillaume de Mauléon (1).

Quand les religieux de Maillezais et Guillaume Jaudouin se furent arrangés au sujet de la métairie de Fontaine que les moines disaient leur avoir été donnée en aumône; quand cette possession leur eut été accordée et confirmée par la dame Olive et son fils Jean (2), les moines de Maillezais demandèrent au pape Célestin la confirmation de leurs priviléges. Le souverain pontife répondit : « La conduite de mes prédécesseurs m'est chère, je fais comme eux, je confirme vos droits, vous qui ne relevez que de Rome, vous aurez la protection du Saint-Siége; tous les biens que vous possédez, tous ceux que vous pourrez acquérir, tous ceux que vous devez à la munificence des rois, des princes, des fidèles, vous sont assurés, vous et vos successeurs vous les conserverez en paix. Pour plus de certitude, je déclare que l'Ile où le monastère est assis vous appartient, vous avez encore l'Au-

(1) *Manuscrits de* FONTENEAU.
(2) *Ibid.*

tise, la Sèvre, jusqu'a l'écluse de la Vendée, l'Ile de Taugon, l'Hermenaud et son église de Notre-Dame. Celles de Saint-Médard de Mervent, de Saint-Martin de Ligugé, de Notre-Dame et de Saint-Nicolas de Fontenay, de Fontaine, de Forêt, de Saint-Christophe, de Saint-Michel-le-Cloucq, de Saint-Vincent de Borberic, du Petit Niort, de Souïl, de Fraigneau, de la Chapelle de Dompierre, d'Oleron, de l'Ile-de-Ré, de Saint-Martin, d'Augers, de Saint-Remi-de-la-Haye, de Saint-Maurice, de Mouzeuil, d'Ardin, de Prahecq, du Chemin, d'Osay, de Chalais, de Sauvéré, de Xanton, de Taisson, de Cotigné, et plusieurs autres vous appartiennent. Vous avez encore la moitié de Mauzé, de Petoces, de Surgères et le fief de Coulonges.

« Religieux de Maillezais, il est une chose que je vous recommande par dessus toutes, c'est de suivre, dans toute son exactitude, la règle de Saint-Benoît. Les bois de construction, soit que vous les recueuilliez de vos propres mains, soit que vous les achetiez, seront libres ainsi que la nourriture de vos bestiaux; nul n'en pourra demander la dîme, vous pourrez recevoir les laïques décidés à se séparer de la terre; ces nouveaux élus pourront rester avec vous, si d'autres engagemens ne les appellent pas ailleurs. Quand un frère aura fait profession dans votre monastère, il ne pourra sortir que pour entrer dans un ordre plus sévère : le soutenir dans cette voie sainte, est un devoir pour vous, il faudra le remplir. Maillezais ne relève que de Rome, et par conséquent ne subira que sa tutelle et sa protection; le pape seul y aura des droits. Ce n'est qu'avec la permission de votre abbé, qu'un prêtre pourra y remplir les fonctions de son ministère. L'évêque de Poitiers fera les cérémonies qui vous seront nécessaires, si pour les exécuter, il veut se faire payer, vous aurez recours à un autre. Vous choisirez les pasteurs de vos églises paroissiales, vous les présenterez à l'évêque du diocèse; s'il les accepte, il leur confiera le soin des âmes, et ils répondront à lui des choses spirituelles : quant au temporel, il ne regarde que vous. Les tombes de Maillezais seront ouvertes à tous, si ce n'est aux excommuniés et aux interdits; quand une âme pieuse arrivée au moment de mourir voudra qu'on y dépose ses restes, sa volonté sera sacrée.

Quand l'abbé de Saint-Pierre aura subi la loi commune, religieux de Maillezais, point de violence, point de ruse ni de cabale, la crainte de Dieu et la règle de Saint-Benoît, voilà vos guides : le candidat de tous, voilà le vôtre. Celui qui a réuni le plus grand nombre de voix, doit mériter vos suffrages. Les libertés, les immunités accordées depuis si longtemps à votre monastère, les vieilles coutumes observées depuis des siècles, nous les sanctionnons : le présent comme l'avenir leur est assuré. Nul parmi les hommes n'aura le droit de troubler vos préviléges, d'attenter à vos possessions. Pour preuve des faveurs de Rome, vous paierez tous les ans à nous et à nos successeurs, vingt sous de monnaie courante : telle est notre volonté (1). »

Vers ce temps, des Colliberts, las de leur vie errante et vagabonde, abandonnèrent les rives de la Sèvre (2). Ces habitués de la mer, de la

---

(1) *Manuscrits de* FONTENEAU.

(2) La Sèvre n'est devenue rivière qu'après coup, quand le continent eut été divisé : la mer qui se joignait aux eaux des marais, couvrit une partie du Bas-Poitou et de l'Aunis; mais enfin elle se retira, et avec elle commencèrent à s'écouler les eaux de la Sèvre :

liberté, où furent-ils ? là où grondaient les flots et la tempête. Assis au foyer de l'indépendance rochelaise, ces fiers Agésinates purent enfin reposer leur tête fatiguée, et dormir comme leurs pères, libres et en paix (1).

Le prieuré de Ligugé (1198), qui dépendait de Maillezais, avait cinq sous de rente sur une petite maison et un jardin, situés à Poitiers, près de l'église Saint-Pierre-le-Puellier. Cette rente même n'était pas entière : elle devait aux chanoines de cette église six deniers de monnaie poitevine ; mais le prieuré de Ligugé devint si pauvre, qu'il eut de la peine à payer sa légère redevance. Ainsi, le plus ancien monastère des Gaules, l'œuvre de Saint-Martin de Tours sur la terre du Poitou, n'avait pas de quoi s'acquitter d'un misé-

---

ainsi se forma cette rivière que les anciens n'ont pas connue. Ptolémée n'en dit rien. Cet ancien géographe parle des fleuves qui se déchargent dans le golfe Aquitanique. Comment a-t-il oublié une rivière considérable et si voisine de la Charente ? La raison de cette réticence est bien sensible : la Sèvre se perdait alors dans le golfe immense, formé par la mer et les marais du Bas-Poitou et de l'Aunis (ARCÈRE, tom. I, p. 13). La Sèvre se nommait, en latin, *Suavedria* : on y trouve donc les mots de *suave* et *adria*, rivière ou rivage suave.

(1) ARCÈRE, tom. I, p. 96.

rable tribut; aussi sa ruine était proche, elle devait s'accomplir bientôt par les mains réunies de la France et de l'Angleterre (1). L'abbé Clément, témoin de misères auxquelles il n'aurait pas dû consentir, permit au prieur de Ligugé d'abandonner ses possessions de Poitiers pour un pré, situé près des tristes murailles de son pauvre monastère (2).

Peu de temps après, l'évêque de Poitiers, Maurice de Blazon, jaloux de voir l'abbaye ne relever que du pape, chercha tous les moyens d'étendre sa puissance sur les vastes possessions de Saint-Pierre. Cette lutte des monastères et du clergé remontait bien haut, elle datait de l'institut monastique; car, dès le cinquième siècle, Cassien avait dit dans ses institutions, qu'un moine doit à tout prix éviter les femmes et les évêques, car ni les femmes, ni les évêques, ne permettent aux moines de reposer en paix dans leurs cellules (3).

Plus d'une fois, les hommes du cloître opposèrent aux envahissemens des évêques toute l'é-

---

(1) *Annales d'Aquitaine*, p. 208 et 209.
(2) *Manuscrits de* FONTENEAU.
(3) CASSIEN, *de Inst. Cœnob.*, p. 17.

nergie qu'ils pouvaient réunir, ils eurent même le courage de recourir aux armes, pour éloigner de perfides envoyés, mais alors ils étaient excommuniés, leurs prêtres interdits (1). Pour éviter ces déplorables luttes, il fallut traiter, c'est-à-dire fléchir et descendre, c'est ainsi que peu à peu les moines s'éloignèrent du caractère distinctif de leur origine, l'indépendance et l'individualité. A la vue de tant de désastres, les rois donnèrent aux abbayes des lettres de sauvegarde et d'immunité. Priviléges inutiles, plus d'une fois les évêques les falsifièrent, et par le moyen de quelques traîtres ils parvinrent même à les anéantir et à les faire enlever (2).

L'abbaye de Maillezais avait obtenu les plus hautes distinctions : elle avait été mise par son fondateur sous la protection du Saint-Siége, elle avait acquis les plus grands priviléges; ces priviléges même, comme on l'a vu, avaient été souvent renouvelés; néanmoins l'abbé Clément s'opposa vainement aux envahissemens de Maurice de Blazon; vainement il déclara qu'il était à l'abri

(1) Guizot, tom. II, p. 106.
(2) *Ibid.*, tom. II, p. 110.

de la juridiction épiscopale, vainement il allègue ses anciens droits, l'évêque de Poitiers les nia, en déclarant qu'ils étaient détruits par la prescription, la négligence et l'oubli. Alors l'abbé Clément, abandonné par le nouveau pape Innocent III, fut obligé de baisser la tête et de renoncer à ses vieux priviléges. Toutes les pièces, tous les documens relatifs à l'indépendance de Maillezais, furent anéantis ; on annula ceux du passé et ceux de l'avenir. L'évêque de Poitiers et ses ministres eurent à perpétuité le droit épiscopal dans le chef et les membres de l'abbaye. Conservant seulement une ombre d'indépendance, l'abbé de Maillezais, après avoir été béni, put monter sans tribut sur le siége de ses prédécesseurs. Obligé de se présenter une fois par an au synode de Poitiers, il fut libre de ne pas s'y rendre et d'envoyer une simple excuse à laquelle on dut répondre : Nous voulons que le chef de Saint-Pierre reste avec ses moines (1); mais il fut permis à l'évêque de visiter Maillezais, maintenant tributaire. Les redevances furent légères,

---

(1) *Abbatem volumus remansisse*. *Charte* du grand GAUTHIER.

sans doute; Mais Maillezais, l'église indépendante, est soumise et déchue, elle se doit à une autre. Alors, pour éviter de fâcheuses contestations, le traité fixa les procurations ou droits de visite, qui seraient à l'avenir payés par ses prieurés, c'est-à-dire par ceux de Ligugé, de l'Hermenault, de Vouvent, de Champdeniers, de Mouzeuil, de Xanton, de Saint-Etienne-de-Niort, de Saint-Michel-le-Clouc, d'Ardin, de Mervent, de Saint-Maurice, de Saint-Hilaire-de-Fontenay, de Prahecq, de Forêt, de Clônay, de Bazôges et de Saint-Rémi. Enfin, les doyens et les chanoines de la cathédrale de Poitiers conservèrent le privilége d'être reçus à l'abbaye. L'archidiacre de Brioux, dont le pouvoir s'étendait dans le Bas-Poitou, eut droit de juridiction sur elle; il eut aussi droit à quelques redevances sur les prieurés de l'Hermenaud, de Mouzeuil, de Xanton, de Vouvent, de Champdeniers, de Ligugé (1).

Philippe-Auguste s'étant emparé du Poitou, l'abbaye de Maillezais changea de roi; mais qu'importe à elle, au Poitou, à l'Aquitaine! c'est

---

(1) Le grand GAUTHIER.

toujours de la dépendance et de la soumission. Quand on a perdu ses comtes et son individualité, qu'importe, en effet, d'obéir au roi du nord ou à celui de l'Angleterre? Tous deux sont étrangers, et les habitans d'en-deçà la Loire se peinent et se chagrinent quand les deux rivaux ne sont pas sous les armes (1).

En 1207, Pierre de Volvire, fidèle exécuteur des volontés de sa femme, de ses filles et d'Aimeri de Rexe, donne à l'église de Maillezais et à celle de Nieuil le marais de Guaillé. L'acte de concession déclara que les deux abbés ne seraient jamais troublés dans leurs droits, ni par lui, ni par ses héritiers. Ce marais fut exempt de toute coutume, de toute domination; personne même n'eut la permission d'y chasser; il dut payer seulement à Pierre de Volvire et à ses successeurs soixante sous de redevance. Quoique l'abbaye de Nieuil possédât le quart du marais, elle ne paya que dix sous, et l'église de Maillezais cinquante (2).

L'offrande de Pierre de Volvire ne fut pas la seule, car l'abbaye, après avoir reçu des dîmes et

(1) THIERRY, *Histoire de la Conquête de l'Angleterre*, tom. III, p. 107.
(2) *Manuscrits de* FONTENEAU.

des terrages, vit en 1216, un des vassaux de la seigneurie de Marans lui céder un ancien port métamorphosé en fond de terre, le seigneur Porteclie en confirma la concession (1). Par ces jours de largesses religieuses, le chevalier Maxime, avec l'assentiment et la volonté de son épouse et de son fils aîné, offrit à Maillezais et au prieuré de Clônay trois mines de froment, à condition que le prieur de Clônay paierait, tous les ans, cinq deniers de cens (2).

Après ces donations, l'église de Sully vint à manquer d'un abbé, ce qui lui causa des différends avec l'abbaye de Saint-Pierre; mais le calme fut bientôt rétabli par Guillaume, prieur de Maillezais, et par l'archidiacre du pape, qui connaissait depuis longtemps cette vieille querelle de soumission et de suprématie. Les religieux de Sully reconnurent l'abbé de Saint-Pierre comme le chef et le gouverneur de leur église; ils promirent, en outre, d'observer avec exactitude la paix qui venait d'être conclue (3).

(1) Arcère, tom. I, p. 16.
(2) *Ibid.*
(3) *Manuscrits de* Fontenreau.

Les environs de Maillezais étaient alors inondés, car le canal de Luçon n'exerçait qu'une bien faible influence; il pouvait à peine dessécher les marais qui lui touchaient, et les autres, les plus voisins de la rivière de la Vendée, étaient toujours submergés (1). A la vue de ces lacs immenses et de tant de terres perdues sous les eaux, les religieux de Saint-Benoît se souvinrent de la mission qui leur était confiée; ils se réunirent, et en 1217 les abbés de Maillezais, de Nieuil, de Saint-Michel-en-l'Herm, de Saint-Maixent, de l'Absie, obtinrent du seigneur de Chaillé la permission de dessécher les marais du Langon et de Vouillé (2). Le nouveau canal que l'on creusa, se nomma des Cinq-Abbés : il ne se rendit point directement à la mer comme celui de Luçon, mais il fut conduire ses eaux dans la Sèvre, au lieu où cette rivière forme un coude que l'on nomme l'anse de Braud (3). Pour accomplir ces paisibles conquêtes, rien ne manquait aux religieux de Saint-Benoît, ni le nombre,

---

(1) *Statistique de la Vendée*, par CAVOLEAU, p. 36.

(2) *Généalogie des Châteigner*, p. 23.

(3) CAVOLEAU, p. 36.

ni l'or qui solde, ni les bras qui creusent. Des bras, ils en avaient autant qu'ils le voulaient; car, les travaux achevés, l'homme du peuple assistait au partage, et ils lui disaient : A toi l'usage et le parcours dans ces marais où ta bêche a creusé si longtemps; à toi un lambeau de terre pour y faire des fossés et planter ta cabane (1).

Au temps de ces nobles actions, l'abbé de Maillezais et ses moines prétendirent que des terres et un bois, situés près le prieuré de Marcheron, leur appartenaient; mais Geoffroy de Patris assura le contraire : le pape alors nomma pour juges l'abbé de Saint-Liguaire, le prieur du même monastère et l'archiprêtre de Mauzé. Geoffroy de Patris ayant été cité devant leur tribunal, fut obligé de reconnaître que le bois de Marcheron et les terres appartenaient au prieuré du même nom. D'ailleurs il déclara que, quand bien même il aurait des moyens pour revenir sur la chose jugée, il y renonçait sans regrets et les sacrifiait avec plaisir à l'abbaye de Saint-Pierre (2).

(1) ALLARD DE LA RESNIÈRE, p. 9.
(2) *Manuscrits de* FONTENEAU.

Maintenant les temps vont bien changer; pour les moines de Maillezais, plus de paix, de travaux et d'offrandes, mais des luttes funestes, le pillage et l'exil.

En effet, l'héritier de la querelle des Chabot, par sa femme Eustache, Gefroy I de Lezignem et Guillaume de Valence, les deux frères, apparaissent (1). Avec eux et par eux commence une triste époque, de mauvais jours se lèvent nombreux et pressés pour l'abbaye de Saint-Pierre. L'infortunée, elle, a dans son sein un ennemi qui la ronge : cet ennemi, c'est le fils des Lezignem, le frère des rois de Chypre et de Jérusalem, c'est le comte de Joppé et de Césarée, le premier des Gefroy (2). Il vient avec des gardes, des chiens, des mules, des écuyers, des oiseaux, de bruyans serviteurs; leur foule de tous côtés se presse pour prendre, pour piller; vainement leur chef s'éloigne, la foule insolente reste toujours, elle boit, elle mange et n'obéit qu'à la loi de ses caprices. Vainement Lezignem vieillit et meurt; Gefroy II lui suc-

---

(1) DE LA FONTENELLE, *Revue anglo-française*, tom. I, p. 40.
(2) *Histoire des Châtillon*, p. 484.

cède (1), et ce nouvel ennemi, impatient de la renommée de son père, se précipite dans sa terrible voie.

Depuis longtemps l'église de Maillezais est foulée, depuis longtemps elle passe devant la face de son ennemi (2), quand, guidés par une haute inspiration, les moines de Saint-Pierre choisissent pour chef le prieur de Saintes : c'était Guillaume III, celui qui devait conquérir une si belle renommée. En effet, à peine son élection est-elle confirmée par l'évêque de Poitiers, qu'il se précipite avec ardeur au milieu de la tourmente, et s'oppose comme un rempart à l'adversité qui le sape et se rue. Des choses dures et âpres lui vinrent (3); mais pour lui ce n'est rien s'il peut diminuer les malheurs de son abbaye, l'arracher des mains de l'iniquité, et la rendre paisible à son antique indépendance.

Après s'être consulté longtemps, après avoir écouté les avis de la sagesse et de la prudence, il fait avertir Gefroy, et l'avertit lui-même qu'il

---

(1) *Chron. apud* LABBE, tom. II, p. 283.

(2) *Jàm corruerat antè faciem persequentis. Chron.*, tom. II, p. 238.

(3) *Aspera ac dura perpetiit. Chron.*, tom. II, p. 238, *apud* LABBE.

est temps de finir et de laisser en paix cette pauvre abbaye dont les plaies saignent depuis longtemps; mais Gefroy n'entend rien, n'écoute rien, et au bruit de ses clameurs il prépare de nouvelles luttes, il insulte les hommes de l'abbaye, il ravage leurs terres (1).

A la vue de tant de malheurs, Guillaume se rend à Rome, car il ne peut plus rien pour sa triste abbaye; il va pour déposer aux pieds du pontife ses douleurs et ses plaintes. Admis devant le pape, il parle avec chaleur de l'église qu'il dirige, il en raconte la naissance, les progrès, les vicissitudes; mais quand il arrive aux jours de l'adversité, quand il dépeint les persécutions que le terrible Gefroy amoncelle à toute heure, sa voix domptée par la douleur fléchit et tombe. Enfin, dominé par une émotion profonde, il s'arrête pour réunir les forces qui lui restent et présenter au pape les titres de son malheureux monastère.

En voyant que Maillezais lui appartint, le pape s'indigna, et sur-le-champ il fulmina ses ordres. L'abbé et le prieur de Saint-Jean-

---

(1) *Chron. apud* Labbe, tom. II, p. 238.

d'Angély, ainsi que l'archidiacre d'Aunis, Emeri, surnommé Tabataire, furent nommés juges : ils durent appeler le terrible Gefroy et l'interroger sur ses actes au sein de leur justice (1) ; ils l'appellèrent, ils l'interrogèrent, et il fut sommé de renoncer à ses fureurs, de terminer ses injures, de dédommager l'abbaye, ses moines et ses hommes, pour les pertes qu'il leur avait fait essuyer. Vos persécutions, dirent-ils, ont été assez longues, que l'avenir ne soit plus aussi triste. « Qu'importe ! répondit Lezignem, qu'importe ma conduite à ce prélat de Rome que je ne connais pas ! qu'il laisse en paix le guerrier du Poitou qui ne songe guère à lui ! » Alors les juges crièrent anathême et malédiction (2). Gefroy, lui, redouble ses ravages, et par force il pénètre plusieurs fois dans l'abbaye dont il feint d'oublier les franchises. Alors, selon le vieux chroniqueur, témoin sans doute de ces fatales journées, Lezignem ne songe plus à Dieu, et l'épouse du Seigneur, l'église de Maillezais, qui cherche un refuge et un protecteur, ne rencontre plus que des

---

(1) *Chron. apud* LABBE, tom. II, p. 289.
(2) *Histoire de la maison de Châtillon*, p. 484.

ennemis qui la frappent et la blessent, et finissent par lui enlever le manteau qui la couvre (1).

Ce manteau est son abbé; c'est Guillaume le Fort, le Courageux, c'est Guillaume qui fit tout pour l'église de Saint-Pierre, et périt à la peine. Cette mort fut prompte, et quand elle arriva, vers 1225 (2), les moines de Maillezais n'eurent point assez de larmes pour leur infatigable défenseur; ils le pleurèrent en songeant à son courage, ils le pleurèrent en songeant aux momens difficiles qui leur restaient encore. Les cénobites de Maillezais ne furent pas seuls pour rendre à l'illustre trépassé les honneurs qui lui étaient dûs. Pour son hymne de mort, l'abbé de Saint-Liguaire laissa les bords de la Sèvre, le prieur de Talmond, les terres du Bas-Poitou, et avec eux vinrent des prêtres, des hommes du siècle. Quand la foule est réunie, quand tous, frappés du néant des choses de la terre, prient pour l'âme qui rend compte à Dieu de ce qu'elle fit ici-bas, Gefroy reparaît. Il a des gantelets de fer, de longs épe-

----

(1) *Et ad ultimum ejus pallium detulerunt scilicet Wilhelm. Chron.* apud LABBE, tom. I, p. 239.

(2) *Évêques de Poitiers*, par BESLY, p. 128.

rons, son cheval de bataille, ses pennons volent au vent. Guerriers, servans d'armes, gente populaire, se pressent sous ses ordres; tous sont aux pieds de l'abbaye, ils frappent, ils heurtent; puis, quand une fois encore ils ont tout ravagé, leur chef les arrête; à son tour, et dans sa joie crédule, il sourit, car sa fortune, nul ne l'aura eue; les moines, seront, comme lui, traîtres à leur église et transfuges de Dieu; vains rêves! il ne pourra les séduire!

CHAPITRE VIII.

Nomination de Raynald. — De nouveaux malheurs accablent l'abbaye. — Discours de Raynald. — Convention faite avec Gefroy. — Elle est bientôt brisée. — Caractère de Gefroy. — Peinture de son époque. — Raynald abandonne Maillezais. — Il se retire à Sainte-Catherine. — Il se rend à Marans, ensuite à Niort. — La France féodale. — Entrevue de Gefroy et de Raynald. — Ce dernier se rend à Rome. — Excommunication de Gefroy. — Il part pour l'Italie. — Traité de paix avec Raynald.

Malgré tant d'adversités, tant de luttes, les religieux de Maillezais songèrent au successeur de Guillaume ; ils s'entretinrent en commun de celui qui pouvait mériter leurs suffrages ; mais les avis se partagèrent, et pas un frère ne réunit la volonté de tous. Enfin les moines s'assemblèrent en chapitre; on parla de Raynald, prieur de l'Hermenaud; c'était un homme distingué, d'une illustre naissance (1); on le nomma, et la cérémonie achevée, le nouvel élu fut conduit en triomphe au siége des abbés. Ces joies furent de courte durée, et les voix devinrent bientôt celles de ceux qui pleurent (2).

En effet, n'ayant pu réussir dans ses projets de séduction, Gefroy répète son cri de fureur : Dieu n'est pas! *non est Deus* (3)! et il ordonne à ses gardes de couper la tête des rebelles dont ils pourront s'emparer. A cette nouvelle, les frères s'épouvantent, les avis se croisent, les paroles se pressent, et les esprits, errans d'incertitude en incertitude, flottent toujours sans but et sans résolution. Alors l'abbé de Maillezais et celui de Saint-Liguaire, le courageux Arnault, se lèvent et demandent le silence. Leur voix est ferme, une résolution grande comme le péril semble respirer dans leurs gestes et leurs regards; écoutons:

« Soldats de Jésus-Christ, pourquoi trembler?

---

(1) *Chron. apud* LABBE, tom. II, p. 239.
(2) *Et organum ipsorum in vocem flentium vertebatur. Ibid.*, p. 240.
(3) *Ibid.*, p. 244.

« Destinés à périr, la vue du fer ennemi doit peu
« vous effrayer; que chacun de vous soit prêt
« pour l'heure solennelle, moines, prêtres, dia-
« cres, sous-diacres, il faut partir, il faut laisser
« le pays de notre mère. Nous serons long-
« temps peut-être errans, affamés et nus sur la
« terre étrangère; mais Lezignem, du moins,
« n'aura pas nos têtes. Pour traverser les rangs
« ennemis, frères, nous prendrons nos habits de
« fête, la croix de Dieu, les reliques de nos
« saints, et nous marcherons tous en pompe
« comme aux autels, nous marcherons tou-
« jours; si les barbares respectent nos dou-
« leurs; s'ils nous laissent passer, nous irons
« pleurer sur la terre lointaine; s'ils ferment
« leurs rangs, nous saurons mourir. » Chose
étrange! les jeunes moines craignirent pour leur
vie (1); les anciens seuls consentirent au péril, et
pourtant on tient à la vie au déclin de ses ans. Le
vieux moine qui ne craint pas de sortir de sa
cellule et de mourir, semble nous dire : Les douleurs et les regrets n'étaient pas inconnus sous les

---

(1) *Timentes pro pellibus suis. Chron. apud* LABBE, tom. II, p. 240.

voûtes des cloîtres ; la vie des monastères fut triste, son fardeau bien pesant ; elle bouleversa les passions humaines et changea ses penchans.

Les jeunes frères qui sont encore dans les illusions de la vie, et qui pour elle viennent de paralyser la sublime inspiration des deux abbés, reçoivent près d'eux quelques soldats de Gefroy ; qui se proclament les amis du monastère, et ils leur adressent ces pacifiques paroles : « Pour-
« quoi notre Seigneur et le vôtre nous assiége-t-il
« dans ce malheureux monastère ? pourquoi tant
« de ruines, de pillages. » Les soldats répondirent : « Pourquoi l'avez-vous maudit (1) ? Faites
« briser le fardeau qui lui pèse, et tout sera fini ;
« vous aurez de meilleurs jours, sa bienveillance
« et la paix. »

Pour sortir de leur déplorable position, les religieux consentirent à tout ; mais Gefroy resta pour le moment inébranlable, et il répondit à ses soldats : Dites aux moines de se rassembler au chapitre ; dites aux plus justes que je n'ai foi que dans leurs sermens ; qu'ils jurent de faire tomber

(1) *Quòd dictus nobilis excommunicationis vinculo est adstrictus. Chron. apud* LABBE, tom. II, p. 241.

les malédictions dont ils m'accablent, et je pars, sinon leur vie m'appartiendra toute entière. Les soldats transmirent à l'abbaye ces pressantes paroles. Pour leur échapper, les moines se rendirent à tout, et sur-le-champ les plus renommés par leurs vertus donnèrent à Gefroy le serment qu'il demandait. Lezignem est terrible, mais chevalier français, il croit aux sermens qu'on lui fait : plein de foi dans ces hommes qui faisaient profession de vertus, il leva le siége, et il ordonna à ses troupes de s'éloigner. Elles s'en furent, mais dans l'état le plus déplorable : le désordre fut à son comble, et ceux qui laissaient tant de proie, emportèrent pour tout partage des insultes et des railleries; pour comble de douleur, des moines furent leurs guides, et ces guides irrités les firent passer par des chemins affreux, des trous et des fossés (1).

Les ennemis disparus, les moines tâchèrent de parachever le plus promptement possible la nomination de leur abbé. Dans ce dessein, plusieurs religieux partirent avec le nouvel élu pour la métropole de leur contrée. Arrivés à Poitiers, ils se

---

(1) *Chron. apud* LABBE, tom. II, p. 241.

rendirent auprès de l'évêque pour lui présenter leur requête et leurs vœux (1). Le pontife, satisfait du choix que l'on venait de faire, prépara les solennités de son église, et s'empressa de confirmer, aux yeux de tous, la nomination de Raynald. Content de la sanction qu'il avait reçue, le nouvel élu sortit de la cérémonie pour regagner sur-le-champ l'église de ses prédécesseurs. De retour à Maillezais, il remplit les formalités voulues pour l'installation des abbés, et aussitôt après il s'étudia de toute la vigilance de son corps et de son âme, pour remplir avec honneur la mission qui lui était confiée (2).

Les temps du repos furent bien courts. Trois jours après la célébration de sa messe, Raynald entendit de funestes clameurs : en effet, Gefroy commençait à mal lever la tête (3) et à s'écrier : « Si ces moines sont parjures, si je ne suis pas absous, s'ils ne font pas lever la malédiction qui pèse sur mes terres et sur moi, malheur à eux! » Menaces perdues! personne ne s'effraie, et les

(1) *Chron. apud* LABBE, tom. II, p. 240.
(2) *Totâ corporis et animi vigilantiâ studuit. Ibid.*, tom. II, p. 241.
(3) *Cœpit malè erigere cervicem. Ibid.*, p. 241.

moines tiennent fermes dans la résolution qu'ils ont prise de manquer à leur parole. Dans leur orgueil, ils pensent ces hommes d'église, qu'ils sont au-dessus des lois humaines, et qu'ils ne sont pas obligés de remplir leurs promesses à l'égard d'un ennemi. Alors Gefroy devient furieux, il blasphème, il s'écrie ; de nombreux satellites l'entourent ; lui, semblable à un lion qui cherche à dévorer, il va, il vient (1) ; moines tremblez ! car il vous tend des pièges partout, dans la plaine, dans les bois, dans les chemins. Ce fut à cette époque peut-être que le seigneur de Vouvent conquit sa terrible renommée, et qu'il fut proclamé la Grand-Dent. Il mordait fort, il est vrai, le fier Lezignem, mais il faut convenir aussi que les moines de Maillezais se plurent à l'irriter.

Gefroy était d'ailleurs l'énergie personnifiée de son époque où la vie et la sève débordaient à pleins bords. C'était le mouvement, la tempête ; faire sa volonté toujours, marcher devant soi toujours, telle était la devise de celui qui pour

---

(1) *Tanquàm leo rugiens, quærens quem devoret.* Chron. apud LABBE, p. 242.

contenter les caprices et les passions d'un jour, ne craignait pas de perdre son repos et de voler au péril et à l'anathème sans regret et sans crainte. Dans ces temps de déplorable condition sociale, il faut l'avouer, l'homme était immense, son individualité profonde, sa volonté sans bornes (1). S'abandonner sans contrainte à toute sa fougue, à toute son énergie, telle était l'habitude de ces guerriers dont les cœurs battaient si fort, et qui ne savaient se perdre dans la foule, obéir à la foule. Pour leur compte ils chevauchaient le jour, ils chevauchaient la nuit, ils guerroyaient pour voir le sang ruisseler sur leurs armes, pour voir au haut des remparts les lances briller et s'agiter. Ces hommes, le soir, ils devisaient d'amour, et le lendemain fatigués des aventures qu'ils avaient tant de fois rencontrées sur le sol de la France, ils allaient au désert comme nous à la fête du soir : Ensuite ils revenaient aux foyers de leurs pères, là, cassés par les ans, vieillis par les combats, ils léguaient à leurs fils de longs souvenirs de vaillance et de gloire;

(1) GUIZOT, tom. IV, p. 31.

quelquefois encore ils allaient dans le fond d'un cloître donner à Dieu les restes d'une vie qui n'avait plus rien à faire.

Toujours impétueux, Gefroy voudrait s'emparer de Raynald, il pense que, cet homme détruit, le reste du monastère fléchira sous ses ordres, mais l'abbé de Maillezais n'est pas disposé à lui laisser sa tête, il cherche, il médite, et sa résolution trouvée il fond en larmes; car il veut abandonner l'église de Saint-Pierre, son épouse chérie, il veut se mettre en fuite errer de ville en ville, de refuge en refuge (1).

Le jour où Raynald sortit en exilé de l'antique demeure des comtes du Poitou, il s'achemina vers Benet (2), et s'arrêta dans une chapelle dédiée à Sainte-Catherine : C'est là qu'il trouve l'un de

---

(1) *Chron. apud* LABBE, tom. II, p. 242.

(2) Benet, bourg à 2 lieues de Niort, sur la route de Fontenay, possède de vieilles ruines. Son château fort, qui appartenait à la famille de Lusignan, avait, à la révolution, une enceinte assez bien conservée; mais il fut vendu, et le propriétaire a presque tout détruit. Il n'existe plus que deux tours; l'une d'elles a servi plusieurs années de temple au culte protestant. L'église est assez curieuse; renversée en partie dans les premières guerres de religion, elle fut relevée depuis, et réparée de nouveau, en 1819, sous l'administration de

ses juges l'archi-diacre d'Aunis, c'est là qu'il peut enfin raconter ses adversités passées, les malheurs qui l'assiègent; il craint surtout que la conscience de ses moines ne soit compromise, il tremble pour la sienne quoi qu'il n'ait rien juré; mais il a permis les sermens faits à Gefroy, et il les regarde comme sacrés. Alors pour la tranquillité de son âme, il conjure l'archi-diacre de lever la proscription : Non, non, dit l'inflexible prélat, l'église ne doit pas venir en aide au malheureux qui l'insulte, elle doit au contraire autant qu'elle le pourra le punir de ses méfaits. Je vais partir pour Saintes où je trouverai mes collègues et vos

M. Saint-Martin, maire. Benet a peu de souvenirs; cependant le célèbre Louis de Bourbon, duc de Montpensier, y campa longtemps; il y avait son quartier-général, lorsqu'il fit le siége de Fontenay, en 1574. L'origine de Benet est fort ancienne, les ducs d'Aquitaine y firent quelque chose en faveur des religieux qu'on y voyait alors. Le bourg de Benet qui relevait, en 1087, de l'abbaye de Montierneuf, fit ensuite partie du diocèse de Maillezais et de l'archiprêtré d'Ardin; on en parle encore dans les lettres de Guy Geoffroy, duc d'Aquitaine, et dans les diplômes des papes Alexandre III et Urbain II. Aliénor, duchesse d'Aquitaine et reine d'Angleterre, lui accorda des priviléges en 1189, dans des lettres de Guillaume IV, on parle non seulement de la ville de Benet, mais encore des fortifications qui la défendent. FONTENEAU, passim.

juges, préparez pour moi le récit de vos calamités, vous me l'enverrez et nous verrons ensuite comment il faut agir avec votre persécuteur (1).

L'abbé Raynald voyant le malheur s'acharner sur ses pas, annonce à ses moines, qu'il faut aller plus loin, et porter ailleurs leur vie errante et désolée. Pour échapper à leurs ennemis, ils sortent de Sainte-Catherine, traversent les marais et se retirent en toute hâte dans la petite ville de Marans. Bientôt l'archi-diacre d'Aunis et les autres juges déclarent que dans toutes les terres de Gefroy on ne rendra plus aux morts la sépulture ecclésiastique. Par cette mesure sévère l'esprit de Lezignem s'exalte jusqu'au désespoir; n'espérant plus rien, il exécute avec rage ses funestes résolutions, et en 1232, au mois de juillet, quand l'abbaye est dépouillée, il la livre aux flammes (2) et la laisse pour se précipiter vers les fugitifs.

Ponrsuivi à Marans comme ailleurs, Raynald profite d'une nuit obscure, emmène les siens, affronte avec eux d'immenses marais, s'expose à la fureur des flots, à la profondeur des gouffres:

---

(1) *Chron. apud* LABBE, tom. II, p. 243.
(2) *Annal. d'Aquitaine.*

échappé comme par miracle, mais poursuivi par la nécessité, il va demander un asile dans un misérable moulin sur les bords de la Sèvre. La nuit fut inquiète; aussi vers le jour, tous reprirent la fuite qu'ils avaient commencée la veille, et de crainte en crainte, d'espoir en espoir, ils parvinrent à dérober leurs têtes aux embûches qui leur étaient préparées. Arrivés à Niort où le bruit de leurs infortunes a retenti depuis longtemps, les clercs et les ecclésiastiques leur tendirent les bras, et les proscrits de Maillezais purent enfin se reposer au sein d'une hospitalité tranquille (1).

Tant que les réfugiés restèrent dans la ville, ils furent souvent à leur prieuré de Saint-Etienne (2), pour s'y livrer au plaisir de l'agriculture; Mais un soir, Raynald, voyant le déclin du soleil,

(1) *Chron. apud* LABBE, tom. II, p. 243.
(2) Le prieuré de Saint-Étienne-lès-Niort était dans le faubourg du Port, il relevait de l'abbaye de Maillezais. Le 3 janvier 1612, un chanoine de Saint-Hilaire-le-Grand de Poitiers, prieur-commandataire de Saint-Étienne, abandonna pour lui et ses successeurs, moyennant la somme de 800 livres, tous les bâtimens et les terres qui dépendaient de son prieuré; il les abandonna, parce qu'on devait y bâtir le couvent des Capucins : ce qui fut fait.

appelle ses compagnons et leur dit : « Mes amis, la nuit approche, notre ennemi veille peut-être, partons. » Quelques-uns le suivirent, d'autres restèrent à la maison des champs, malgré la volonté de leur abbé. Cette désobéissance leur coûta cher, car, la nuit quand ils sont plongés dans les langueurs du sommeil, tout-à-coup les soldats de Gefroy arrivent, pénètrent et s'emparent de tout ce qu'ils rencontrent. A la vue du péril, l'un des moines s'élance par une fenêtre, glisse au travers les broussailles, les bois et les fossés; arrivé comme par miracle dans un endroit où les remparts de Niort sont baignés par les eaux de la Sèvre, il s'y précipite et parvient à gagner l'autre rive. Les autres religieux, qui furent conduits à Mervent, captifs, enchainés, ne purent obtenir leur liberté qu'en payant une large rançon (1).

Ainsi sur le sol de la France féodale et fougueuse, non seulement le suzerain envahissait le domaine de ses vassaux, non seulement les vassaux se disputaient entr'eux la possession de ce même domaine (2), mais encore les avoués ou

---

(1) *Chron. apud* LABBE, t. II, p. 243.
(2) GUIZOT, tom. IV, p. 9.

protecteurs d'abbayes tourmentaient les monastères qu'ils devaient protéger ; mais encore de puissans seigneurs ne songeaient qu'à la violence et à la ruse pour ravoir l'or et les terres qu'ils regrettaient, et que la veille ils avaient à pleines mains versé sur quelque riche monastère. Ainsi le bruit des armes retentissait à toute heure et pour tous ; les hommes destinés à la guerre ne vivaient pas seuls à l'abri des murailles, des ponts-levis : Aux monastères, aux églises, il fallait aussi des remparts, des donjons, des fossés ; car, plus d'une fois, ils entendirent à leurs portes le bruit des armes, le cri des batailles (1).

Gefroy, par ruse ou fatigué de tant de troubles, propose à Raynald de se rendre à Xanton pour y traiter de la paix ; il veut lui parler et lui rendre réparation pour les pertes, les injustices dont il accabla, lui, les siens et leur monastère. Rempli d'espérances, l'abbé de Maillezais convoqua ses moines, et se rendit au lieu du rendez-vous pour s'entretenir avec son ennemi ; mais Lezignem change d'avis tout-à-

---

(1) Guizot, tom. IV, p. 59.

coup, il hésite, n'est plus le même, aussi Raynald dont les illusions s'évanouissent une à une, devient soucieux, et reprend une fois encore le chemin de sa retraite.

Quand Gefroy s'aperçoit que son ennemi n'est plus à Xanton, les injures les plus violentes, les plaintes les plus vives se pressent sur ses lèvres irritées, et il jure au monastère et aux moines de leur conserver longtemps encore sa vieille inimitié. Pour preuve, il fait saisir par ses baillis les monastères et les biens consacrés au service de Dieu, il fait saisir aussi plusieurs prieurés dépendant de Maillezais, Saint-Pierre-le-Vieux, l'Hermenauld, Perouse, Mouzeuil et les biens qui servent à l'entretien des moines (1). Découragés par les insultes et les affronts dont ils sont accablés par les soldats de Lezignem; exposés, en outre, aux angoisses de la faim et de la disette, les malheureux cénobites sortent de leurs monastères par trois, par deux, un à un, et s'en vont nus, fugitifs, exilés, manquant de tout, porter çà et là leur déplorable existence.

---

(1) *Chron. apud* LABBE, tom. II. p. 244.

Le monastère est presque détruit, ses brebis sont errantes et dispersées : Raynald, frappé de la plus profonde affliction, se dispose à partir, à laisser son troupeau sa patrie, ses amis. Dans cette résolution il embrasse tous les siens, réunit une faible escorte, et se rend à Rome tout trempé de pleurs ; là, il demande à déposer enfin la mante des exilés, à conduire au bercail ses brebis fatiguées (1), il demande son monastère qu'il tremble de ne plus revoir.

Quand toute l'étendue de l'église de Maillezais fut abandonnée, quand l'abbaye et ses prieurés furent déserts, cette solitude fit peur à Lezignem; pour la peupler, il appela ses valets, ses garçons, et leur dit : C'est à vous. Et ils prirent, et ils s'installèrent dans l'église, dans les dortoirs, au réfectoire ; pauvre église de Maillezais ! qu'es-tu devenue (2)?

Dans le moment où Raynald raconte les nouvelles traverses de sa malheureuse abbaye, dans le moment où faute d'espérance il la confie à la protection du Saint-Père, les juges de Saint-

---

(1) *Ut oves ad proprium ovile redeant. Chron.*, tom. II, p. 244.

(2) *Chron. apud* LABBE, tom. II, p. 244.

Jean-d'Angély, après avoir rempli, autant que possible, leur difficile mission, annoncent qu'ils ne peuvent plus rien, et qu'ils remettent au pape les pouvoirs qui leur ont été confiés. Grégoire, frappé par cette autre nouvelle et par les plaintes de Raynald, approuve et confirme l'anathème lancé par ses juges. Ce n'est pas tout : il écrit au roi de France pour l'avertir des persécutions de Gefroy et pour l'inviter à réprimer son terrible vassal. Ensuite il envoie la même missive au chef de la famille des Lezignem, à Hugues X, comte de la Marche, et il ajoute : « Il en est temps, forcez notre implacable ennemi à satisfaire d'une manière convenable à l'église de Saint-Pierre, ou je confierai ma vengeance à l'abbé et au prieur de Dol ainsi qu'à l'archiprêtre de Châtellerault. »

Gefroy écoute et reste inébranlable, car les orages, ce sont ses fêtes, ses joies à lui qui chérit avec passion le bruit et les tempêtes; mais Grégoire s'empare de ses foudres, et du haut de sa puissance, il lance lui-même la terrible excommunication qu'il fait savoir aux provinces de

Sens, de Bourges, de Tours, de Bordeaux; tous les dimanches, toutes les fêtes, au son de la cloche, les cierges allumés, l'anathême est proclamé devant tous (1). Alors, quand Gefroy paraît, les flambeaux s'éteignent, le service divin cesse, la foule s'écoule, les temples sont déserts.

Au moyen-âge, l'interdit était une arme terrible. Quand la foule pieuse voyait un homme privé des cérémonies religieuses, elle s'éloignait avec terreur de cette âme maudite qui avait encouru les vengeances de l'église. Aussi, malgré son courage et son énergie, il fallait, dans un temps ou dans un autre, céder à la fatalité de son époque, se soumettre et fléchir. En effet Gefroy se décide au repos, se rend en Italie, et demande avec tant d'instance sa grâce et l'oubli du passé, que, le 15 juillet 1232, le pape Grégoire leva le terrible anathême. Ensuite, quand le fils de Lezignem se fut reconcilié avec son puissant ennemi, il consentit pour lui comme pour ses héritiers le traité qui va suivre.

---

(1) *Chron. apud* LABBE, tom. II, p. 245.

« Moi, Gefroy, seigneur de Vouvent et Mervent, je fais savoir à tous qu'ayant insulté, persécuté l'abbé de Maillezais, son monastère et ses hommes, j'ai mérité l'excommunication qui m'a tourmenté si longtemps. Maintenant, pour le salut de mon âme et celui de ma famille, je rends à l'abbaye ses possessions si souvent ravagées, je leur donne même quelques-unes des miennes. Pour preuve de ma réconciliation, je renonce à l'entretien des fauconniers, chasseurs et servans de ma maison; je renonce également à tout ce qu'il faut pour les mules, les chiens, les chevaux, les oiseaux de proie; les gens de l'abbaye ne feront plus partie de nos armées, je les dispense du service militaire. »

« Le tribut que je demandais tous les ans au monastère et à ses dépendances, est aboli; le droit de corvée, tant sur les bêtes que sur les hommes, n'existe plus; les peines auxquelles ces derniers étaient soumis, en cas de contravention, leur sont remises (1). J'abandonne les salines de la Ronde et de Pichoven. Le passage libre et sans

---

(1) *Chron. apud* LABBE, tom. II, p. 246.

droit que je voulais avoir pour moi et pour les miens dans ces deux ports, n'existe plus (1). L'île de Maillezais toute entière, la Ronde, Taugon, Xanton, Ardentière, Dissay, Pui-le-Tard, Taisson, Saint-Michel-le-Clouc, Sauvéré, Mervent, Perouse, Vouvent, Mont-Noblet, Grey, Chatières, Bazoges, Mouleron, l'Hermenaud, Cotigné, Boësse, Mouseuil, la Chapelle-Beraud, la Bastière, la Chauvière, sont libres de toutes les redevances, coutumes, juridiction, auxquelles je prétendais; les ports, les marchés, les fermes, les moulins, les bois, les prés de l'Abbaye ne me doivent plus rien. Je conserve pourtant huit sous de rente, que je touche près de Boësse. »

« Les relations de Maillezais avec ses dépendances seront pleines et entières, mais pour prix de tant de concessions, l'amende de 4,000 marcs d'argent, à laquelle j'avais été condamné m'est remise par Raynald (2). Ce vertueux Abbé aura mon amitié, car j'ai reçu ses excuses, pour les affronts qui m'ont causé tant d'ennuis. Je lui

---

(1) Archiv, tom. I, p. 14.
(2) Labbe, tom. II, p. 246.

rends mon estime, car il m'a rendu compte des pertes que j'ai pu faire depuis le commencement de nos guerres jusqu'à la Saint-Jean de cette année, époque à laquelle j'ai pris le chemin de Rome. Le monastère de Maillezais, à dater de la Saint-Michel, me paiera pendant trois ans la somme de cent livres tournois, la moitié du tribut me sera compté à Nyeul, le reste à la fête de la Résurrection. »

« Comme les arbitres ont demandé quelle part le prieuré de Vouvent peut avoir dans la place où sont bâties les halles, je consens à ce que tous les édifices qui s'y trouvent restent au prieuré. Jamais ni moi ni mes successeurs nous n'empêcherons que les ventes et les achats ne s'y fassent librement, je ne m'opposerai pas non plus à la libre circulation des moulins et des fours ; maintenant je pense que les relations de bienveillance et de bonne amitié sont à jamais rétablies entre l'Abbaye et moi. Si par hasard j'avais la faiblesse de revenir sur les concessions que je viens de faire, si les miens avaient l'indignité de nuire en quoi que ce soit au monastère, il faudra dans l'espace d'un mois, lui rendre justice et le dédommager au double. Au moment de cette grande pacification Gefroy était à Spolette, il jura sur l'évangile l'observation du traité pour lui et pour les siens, ensuite il signa, et Grégoire IX approuva et confirma tout (1).

Biblioth. de LABBE, tom. II, p, 247.

CHAPITRE IX.

Différend entre les abbayes de Maillezais et de Sully. — De prétendus croisés menacent le monastère. — Gefroy la Grand-Dent. — Il part pour l'Orient. — Sa mort. — Sa sépulture dans l'église de Vouvent. — Sa statue dans celle de Maillezais. — Vie de Gefroy d'après les romanciers. — Valence, sa fille unique. — Charte poitevine. — Radulphe ou Raoul. — Alphonse, comte de Poitou. — Desséchement des marais. — Différens dons sont faits à l'abbaye. — Le chroniqueur. — Travaux des moines. — Les abbés Pierre et Godefroy. — Testament de Loys de Marans. — Longue série d'offrandes. — Renaud de Pressigny demande des secours. — Ils lui sont accordés.

Alors les abbayes de Maillezais et de Sully ne purent s'entendre dans les relations qu'elles devaient avoir l'une avec l'autre; aussi, pour décider la dépendance ou non dépendance de son monastère, l'abbé de Sully prit pour juges un chanoine de Tours, et Raynald un chanoine de Saint-Hilaire de Poitiers; ces deux abbés promirent de s'en rapporter à leur déclaration, sous peine de cent marcs d'argent; et, dans le cas où ces deux arbitres ou deux autres ne pourraient pas arranger l'affaire, il fut déclaré que l'archevêque de Rome prononcerait une sentence définitive ou interlocutoire, qui serait observée sous peine de l'amende énoncée plus haut. Il fut décidé en outre que si l'une des parties ne produisait pas son arbitre, elle paierait à l'autre dix livres tournois pour ses dépenses. Afin d'obtenir un jugement dans le courant de l'année, à dater de la première assignation, on prit toutes les précautions possibles; des juges suppléans furent nommés en remplacement de celui qui viendrait à s'absenter ou à mourir; les parties adverses durent avouer la vérité, déposer leurs pièces à l'appui de leurs prétentions, et produire des témoins.

Six moines sortirent alors de l'abbaye de Sully; Odon leur pardonna, mais il déclara aux fugitifs qu'ayant renoncé volontairement à leur église, ils ne rentreraient qu'après avoir reçu son absolution ou celle de l'archevêque de Rouen. Le monastère de Maillezais, tout en leur donnant asile, tout en leur fournissant la nourriture et les vêtemens dont ils avaient besoin, promit de refuser ses conseils et son appui aux réfugiés, s'ils voulaient enfreindre leur compromis, ou s'ils recevaient des lettres relatives à leur réconciliation (1).

En 1236, on voulut massacrer les Juifs de Niort; mais ces malheureux ayant évité le péril par la courageuse résistance qu'ils surent opposer à leurs ennemis, les prétendus croisés, qui n'étaient sans doute que des voleurs, décidèrent qu'il fallait marcher sur Maillezais, le prendre, s'en faire un asile, et de là porter ses ravages dans tous les environs. L'abbé Raynald, instruit de ces projets, envoya vers ces brigands son charitin, son bibliothécaire, frère Radulphe et frère Guillaume, pour les avertir de renoncer à leurs déplorables desseins. Les menaces, les prières, tout échoua près de ces hommes de rapine; alors Raynald, n'espérant plus leur départ, prit une résolution énergique, comme il avait coutume de le faire aux jours de l'adversité. Il convoqua ses soldats,

---

(1) *Manuscrits de* FONTENEAU.

ses servans, ses amis, ses parens, ses frères, les hommes de l'Hermenaud, il les appela aux armes, et les pria de venir pour défendre l'abbaye de Saint-Pierre. Quand tous furent arrivés, ils fortifièrent l'île, et les prétendus croisés n'osèrent plus s'y présenter (1).

Bientôt après le fils du comte d'Eu offrit à l'abbaye ce qu'il percevait sur les pâturages de Benet et des environs; mais il voulut que ces redevances fussent prélevées quatre jours avant l'arrivée de ses baillis (2).

Ce fut encore vers ces temps que Thibaut Chabot, seigneur d'Oulmes et de Fontaine, donna à Dieu et au monastère de Maillezais sept deniers et une obole, qu'il avait coutume de recevoir dans la portion d'une métairie que le monastère possédait d'après sa volonté. Il offrit encore à l'abbaye et au prieuré de Fontaine douze deniers, qu'on lui payait tous les ans pour des prés et des bois. L'archiprêtre d'Ardin signa ces donations (3).

Le monastère de Vaux ou des Vallées ayant

---

(1) *Biblioth. de* LABBE, tom. II, p. 247.
(2) *Manuscrits de* FONTENEAU.
(3) *Ibid.*

manqué d'un abbé, Raynald y envoya le bibliothécaire Radulphe, et Guillaume, prieur de l'Hermenaud. En leur présence et avec leur assentiment, le chapitre des Vallées élut, à l'unanimité, François Foucault, alors prieur de Saint-Sulpice, qui avait été admis au nombre des frères et des moines de Maillezais (1).

Quand cet arrangement eut été fait, le fameux seigneur de Vouvent et de Mervent, Gefroy la Grand-Dent, se rendit à Fontenay. Une fois encore, le voilà près de l'abbaye qui l'occupa si longtemps. De douloureux tableaux vinrent sans doute effrayer cette âme revenue. Aussi, parmi les pensées qui passent et repassent devant lui, il en est une moins triste, il la saisit et s'arrête ; il s'arrête, car il veut la léguer comme un souvenir : moins terrible que les autres, la dernière redevance sur les domaines de l'abbaye, les pigeons de l'Hermenaud, il les donne aux frères de Maillezais ; puissent-ils les regarder comme les dons d'un ami (2) !

Après quelques années, consacrées à réparer

---

(1) *Biblioth. de* LABBE, tom. II, p. 247.
(2) *Manuscrits de* FONTENEAU.

ses désastres, l'abbaye entendit de nouveau retentir le bruit de la guerre. Elle n'y fut pas mêlée ; mais, n'importe, elle dût être émue, car Gefroy vient de prendre les armes en faveur de son cousin le comte de la Marche, le sire de Lezignem. Le roi saint Louis s'est emparé de Montcontour ; Fontenay résiste à peine, et Gefroy vaincu se retire à Vouvent. Là, poursuivi comme ailleurs, il cherche encore à se défendre ; mais bientôt, persuadé qu'il n'a plus rien à faire, il songe à traiter. Sa capitulation fut presque heureuse : car après la soumission de Vouvent, saint Louis, satisfait, rendit au fils des Lezignem toutes ses places, excepté Fontenay (1).

Quand ce guerrier célèbre fut glacé par la mort, on l'inhuma au chef-lieu de ses domaines. Un fragment de son testament, une lettre de ses exécuteurs testamentaires, et une décharge qui leur fut donnée par Valence de Lezignem, sa fille, et son mari Hugues l'Archevêque, mentionnent tous trois la sépulture de Gefroy dans l'église de Vouvent, et parlent longuement des

(1) GUILLAUME DE NANGIS, *Histoire de Saint-Louis*, t. I, p. 326-327.

donations et fondations pieuses faites pour le salut de son âme. Cependant on ne dit pas dans quel endroit de l'église le seigneur de Vouvent voulut être ou fut enterré (1).

A quelque temps de là, chose étrange, l'abbaye de Maillezais fit ériger un magnifique cénotaphe à Gefroy, seigneur de Vouvent, de Mervent, de Fontenay, de Montcontour : aussi Pantagruel, lisant les belles chroniques de ses ancêtres, crut que « Gefroy de Lezignem, dit Gefroy la Grand-Dent, estoit enterré à Maillezais, dont print ung jour campos pour le visiter comme homme de bien. Et partant de Poictiers avecques aulcuns de ses compaignons, passarent par Ligugé, visitant le noble Ardillon, abbé, par Lusignan, par Sansay, par Celles, pas Colonges, par Fontenay-le-Comte, saluant le docte Tiraqueau (2), et de là arrivarent à Maillezais, ou visita le sepulchre du dict

---

(1) Note communiquée par M. Paul Marchegay de Lousigny, élève de l'école des Chartes.

(2) Dans les fouilles faites dans l'église de Maillezais, nous avons trouvé une tête d'une expression si terrible qu'elle ne peut être que celle dont Rabelais va nous parler, aussi nous la donnons ici comme le portrait du célèbre Gefroy.

Hist.^e de Maillezais.

Geffroy la Grand-Dent.

Gefroy la Grand-Dent, dont eût quelcque peu de frayeur, voyant sa pourtraicture, car il y est en imaige comme d'ung homme furieux tirant à demy son grand malchus de la guaine : et demandant la cause de ce, les chanoines du dict lieu, luy dirent que n'estoit aultre cause sinon que *pictoribus atque poetis*, c'est-à-dire que les painctres et les poëtes ont liberté de paindre ce qu'ils veulent ; mais il ne se contenta de leur response, et il dist : Il n'est ainsi painct sans cause, et me doubte qu'à sa mort on lui ha fait quelcque tort, du quel il demanda vengeance à ses parents; je m'en enquesteray plus à plein, et en feray ce que de raison (1). »

D'après les poétiques récits des romanciers, le guerrier célèbre dont nous venons de parler commença d'une façon bien tragique sa terrible carrière. Ses nourrrices, il les fit mourir à force de presser leurs mamelles taries; ses écuyers, dès l'âge de sept ans il se plut à les massacrer; et quand son frère Froimont, dont l'âme était pensive et solitaire, voulut se consacrer à la vie des cloîtres, il s'irrita, car il détestait les hommes

---

(1) RABELAIS, édit. in-12 de 1702, tom. II, liv. II, ch. V, p. 40, 41.

du repos, de la pensée, de la prière ; il s'irrita, car ils ne portaient jamais de casque ni d'épée, jamais ils ne faisaient retentir au soleil la lance des combats : aussi, quand un fils des preux, quand un fils de Lezignem se fut incliné sous les voûtes de Saint-Pierre, il partit pour l'abbaye qu'il détestait, et la livra aux flammes (1).

Dans ce moment, toujours d'après les mêmes récits, Mellusine était à Niort pour élever sur les voûtes de Notre-Dame et de Saint-André des tours et des flèches, Mellusine, la magique ouvrière qui, dans nos contrées, remua tant de pierres et créa tant de merveilles. A la nouvelle de l'incendie de Maillezais, la fée du Poitou fut frappée de douleur, et son époux Raimondin, à la vue de ces pans de murailles calcinés et détruits, se livra aux réflexions les plus tristes ; mais sa femme puissante le consola bientôt : tout, dit-elle, vient de Dieu ; sa justice, peut-être, a voulu se servir de Gefroy pour se venger de ces moines perfides ; mais l'église, elle, ne doit pas être punie pour d'indignes serviteurs. Je vais

(1) *Histoire de Mellusine*, p. 255.

donc agrandir cette abbaye et la rendre plus belle. En effet, elle se mit à l'œuvre, et le nouvel édifice s'éleva somptueux et magnifique (1).

Renaud de Pressigny, seigneur de Marans et de l'Alleu, saisit, en 1251, tous les biens d'un bourgeois de La Rochelle, parce qu'il était mort sans héritiers. L'abbé Guillaume demande à Renaud toutes ces possessions, prétendant que le défunt les tenait de l'abbaye; elles lui furent adjugées, et Renaud de Pressigny renonça à toutes ses prétentions, non-seulement pour lui, mais encore pour plusieurs autres, tels que Sebrand Chabot et la dame de Saint-Georges-de-Rexe(2).

(1) Nous apprenons par le roman de Mellusine que la fée du Poitou fut la mère de Gefroy la Grand-Dent. Nous voyons en outre, par un titre authentique, que Gefroy naquit d'Eustache Chabot, fille de Thibaut Chabot II du nom, sire de Vouvent, de la Roche-Servière. Eustache doit donc être regardée comme la fée Mellusine. La grande famille des Chabot dont elle était issue, son mérite qui l'éleva au-dessus des femmes de son temps, tout favorise cette assertion. Eustache qui se distingua sans doute encore par son savoir et son goût pour les grands monumens, les châteaux, les donjons, dut facilement impressionner les hommes de son époque. D'abord regardée comme un prodige, la fille des Chabot passa bientôt pour une fée auprès de la foule frappée par son esprit, sa puissance et ses œuvres.

2) *Manuscrits de* FONTENEAU.

Le seigneur de Parthenay, de Vouvent et de Mervent, Hugues l'Archevêque, et sa femme Valence, la fille unique du célèbre Gefroy, donnèrent alors à Maillezais, au prieur et au prieuré de Bazoges, plusieurs redevances, et entre autres sept setiers de blé, moitié froment et moitié fleur de froment, qu'ils avaient coutume de prélever tous les ans dans l'aire destinée à recevoir la dîme de Bazoges. Tous ces droits avaient jadis appartenu à Gefroy de Lezignem. Au moment de sa querelle, ils lui avaient été donnés par l'abbé de Maillezais, en signe de paix et de réconciliation (1).

Voici maintenant le texte d'une donation qui doit intéresser, car on y trouve à peu près la langue de nos pères. « Je Estene, fois assavoir à tous ceaux qui ceste presente charte voiront et oiront, que de ma propre volunté ai donné et otreié et donne et otrei audit abbé et couvent de Maillezais meies et totes les meies choses tels que ge auray quauque part que eles seyent et seront, mobles et non mobles à tenir et à aveir, et à es-

---

(1) *Manuscrits de* FONTENEAU.

pleiter, doublement à eaux et à lors successors et à lers commandement, à foire tote lor volunté, sauves les choses que ge ai en la terre où ge nasqué, que ge voil que seyent à mon lignage; et ge Hylaire Pernade, femme audiz Estenne, fois assavoir à tos que le diz Estenne, mis sire, a foit le devant diz don et le diz otrei de sei et de soes choses au diz abbé et couventesse comme dessus est dit ob mon otrei et ma volunté ge le vougui et otrei de ma bonne volunté, sauf la meité dans mobles et dans conquestes que ge et le dix Estenne avons foit, qui dit être mei (1). »

Dans un moment de générosité, le chevalier de Volvire remit ensuite à l'abbaye cinquante sous et une poule, que les cénobites de Maillezais lui devaient chaque année; mais la concession du seigneur de Chaillé ne fut pas entière, et, pour garder un souvenir de la redevance qu'il venait d'abandonner, il voulut recevoir tous les ans un marabotin de Cens (2).

Quelques années après, le comte de Poitou, Alphonse de France, voulut faire à l'abbaye des

---

(1) *Manuscrits de* FONTENEAU.

(2) *Ibid.*

dons et des largesses. En conséquence, il lui légua les hommages qu'il recevait pour les fiefs de Coulonges, de la Lègne, de Cran, de Courçon, du Gué-d'Aleré et de Cramay. Ensuite le frère de saint Louis, après avoir accordé aux bénédictins de Maillezais le droit de rendre la justice dans les chapelles de Noaillé et de Ligugé, abandonna pour lui et pour ses successeurs six pièces de viande, six justes de vin et six pains, qu'il recevait tous les ans dans son château de Benon. Il renonça de plus aux noix, aux oignons et aux autres redevances qu'on lui payait à la quarantaine ; il ajouta ensuite treize pains et treize justes de vin, que le prieuré de Ligugé dut présenter tous les ans au monastère de Maillezais. Le comte du Poitou se réserva cependant le droit de rentrer dans ses possessions à chaque fois que l'occasion s'en présenterait (1).

Dans ce siècle, les abbés de Maillezais, de Saint-Léonard, et Jean le François, grand-prieur du Temple en Aquitaine, se réunirent pour le dessèchement des marais. Ils convinrent de creu-

---

(1) *Manuscrits de* FONTENEAU.

ser ensemble un canal, destiné à recevoir les eaux stagnantes qui couvraient les marais dans la châtellenie de Marans. Ce canal, qui dut commencer à celui de la Brune, dut aller jusqu'à celui des Pêcheurs (1).

Soupçonnés d'avoir tué un moine, le chevalier Hugues de la Lègne, son fils, et un nommé Jourdan, furent détenus dans la prison du comte de Poitou; mais Radulphe, impatient de les livrer à la justice, demanda leur extradition (2). Ces idées de vengeance ne lui firent pas oublier les intérêts de son église : pour voir sa fortune s'accroître et s'agrandir chaque jour, il acheta des terres et des pâturages dans l'île d'Oleron et dans la paroisse de Champagné (3); car il se plaisait à visiter la chambre du trésor; il aimait à voir s'amonceler les titres et les chartres qui lui donnaient des possessions plus riches, une plus haute influence.

Aussi les délices du chef de Maillezais sont alors à leur comble; car de tous les côtés les pré-

(1) Archax, tom. I, p. 105.
(2) *Manuscrits de* Fonteneau.
(3) *Ibid.*

sens arrrivent à l'abbaye : ce sont, dans les environs de Fontenay, près Petoces, tous les droits situés dans le fief de Champ-Michau (1); au mois de mars 1272, ce sont des bois et des terres qui lui sont accordés par le seigneur de Chaillé, qui promet en outre de défendre envers et contre tous les présens qu'il vient de faire; dans les environs de Surgères, ce sont des complans de vignes qui lui viennent; c'est Guillaume de Clérembault, seigneur de Saint-Pompain, qui lui donne des rentes (2); c'est Arnauld qui lui cède dans l'île d'Oleron plusieurs héritages; c'est une rente de deux chapons, qui lui est offerte par Sebrand Garmi, valet de Chassenon (3).

L'expression de valet dont nous venons de nous servir ne doit entraîner ici aucune idée de servitude. On donnait ce nom aux fils des grands qui n'avaient pas obtenu le ceinturon et qui n'étaient pas encore chevaliers; c'est ainsi que l'on trouve dans le Roman de Rou :

(1) *Manuscrits de* FONTENEAU.
(2) *Ibid.*
(3) *Ibid.*

Guillaume fu Vallet Petit
A Falèze posé et norrit.

Et un peu plus loin :

Et me fist avoir en ostage
Deux vallez de noble lignage (1).

Ce fut vers ces temps, un peu plus tôt peut-être, qu'un moine transmit à la postérité les persécutions de Lezignem. Le pieux cénobite, après avoir retracé des malheurs dont il fut peut-être le témoin, semble fatigué, et s'arrête tout-à-coup pour léguer à la postérité un écrit sans date et sans nom. Cette chronique est, comme celle de Pierre, bien précieuse; on y rencontre à tous momens des expressions pittoresques, des peintures naïves, des comparaisons; les jeux de mots n'y sont pas épargnés : on y trouve, entre autres passages : *Malleacensis ecclesia diù iniquorum Malleis fuerat malleata*, que l'on peut traduire ainsi : L'église de Maillezais avait été longtemps maillée par les maillets de l'iniquité (2). C'est ainsi qu'aux jours du repos, les hommes du cloître,

---

(1) *Glossarium Cangii*, tom. VI, f° 1399.
(2) *Chron. apud* LABBE, tom. II.

débarrassés des fatigans détails de la vie, ne songeaient plus qu'à la science et aux arts. L'écrivain composait des chroniques, l'antiquaire copiait des manuscrits pour enrichir la bibliothèque et transcrivait les vieux actes usés par le temps; l'artiste, plongé dans le calme et le silence de sa cellule, exécutait, lui, les précieuses miniatures, dont le travail est souvent si pur et si frais. Ces miniatures, elles ornaient les manuscrits des frères, elles ornaient les livres d'église; elles brillaient de tout leur éclat aux livres de prières qui devaient être offerts aux princes, aux rois, aux évêques, aux abbés. Au défaut de ces peintures, que de choses à tous jamais perdues! Les costumes, les usages des temps passés, où les retrouvons-nous? dans les chefs-d'œuvre tracés par les mains cénobitiques (1).

Au mois d'août 1275, le roi de France, Philippe le Hardi, confirme, à la demande du couvent, toutes les faveurs dont il avait été comblé par Alphonse, comte de Poitou (2).

Dans ces vieux temps, il existait encore des

(1) Le Noir, tom. II, p. 21 et 22.
(2) *Manuscrits de* Fonteneau.

espaces immenses où le soc de la charrue n'était jamais passé. Le chevalier Aimery Duverger régissait à Marans de ces terrains vagues et incultes; pour que son pupille en retirât quelque chose, il se rappela les pieux solitaires qui prenaient tour-à-tour la plume et la bêche ; aussi, dans les concessions qu'il fit, les moines de Maillezais ne furent point oubliés, et ils eurent des terres, à condition de payer pour elles le quart du revenu et la dîme (1).

L'abbé Pierre est l'un de ceux omis par les auteurs du *Nova Gallia christiana ;* cependant son existence est prouvée d'une manière incontestable par les chartes recueillies par le savant bénédictin dom Fonteneau, et par les faits qui vont suivre. Le monastère de Saint-Etienne-des-Vallées dépendait de l'abbaye de Maillezais ; aussi tous les ans, l'abbé de Saint-Etienne, comme un humble vassal, devait se rendre à Maillezais pour s'y jeter aux pieds de son souverain et lui promettre obéissance. Mais en 1277, l'abbé Robert veut secouer le joug qui le fatigue et l'importune ;

(1) *Manuscrits de* FONTENEAU.

il veut aussi, lui, être libre et ne rien devoir à un autre. Surpris de ne pas le voir arriver, l'abbé de Maillezais lui ordonne de comparaître devant sa haute et puissante suzeraineté, mais Robert n'écoute rien. Sommé de nouveau de se rendre auprès de son chef, il lui fait répondre : « J'irai me soumettre le dimanche avant l'Ascension. » Ce jour-là pas plus que les autres, l'abbé Pierre ne vit arriver son vassal ; alors, dans son indignation, il ne l'assigna plus à comparaître, mais il le jeta, maudit, excommunié, aux déplorables conséquences qui s'attachaient alors aux foudres de la suprématie religieuse (1).

Dans une charte de 1287, on cite un Godefroy parmi les abbés de Maillezais. Peu de choses se passèrent de son temps ; cependant Philippe le Hardi vidima les lettres de Louis le Jeune de l'an 1107, par lesquelles ce prince avait accordé aux chapitres et aux monastères de l'Aquitaine la liberté d'élire les évêques et les abbés, et par lesquelles il avait confirmé les priviléges, les biens, les immunités qui leur avaient été concédés (2).

(1) *Archives de La Rochelle.* MASSIOU, 2e période, tom. I, p. 362.
(2) *Manuscrits de* FONTENEAU.

En 1286, l'abbé de Maillezais écrit au roi d'Angleterre, pour l'avertir qu'il avait confié la défense de ses droits au prieur de Saint-Pierre-d'Oleron. Ce mandataire de la riche abbaye devait poursuivre devant Edward tous les ennemis de son monastère : Pour parvenir à ses fins, il lui était permis de jurer sur son âme tout ce que bon lui semblerait ; il était libre de percevoir les amendes, de soutenir les contestations, de porter les jugemens en appel, s'il le croyait nécessaire.

L'abbé Pierre, qui soutenait avec tant de zèle les intérêts de son monastère, n'oublia pas d'enregistrer avec soin les largesses qui pouvaient lui être faites. Parmi elles, il faut distinguer le testament qu'on va lire : « Moi, Loys David, de Marans, manquant d'heritiers legitimement creés de ma chair, et voulant, pour le salut de mon âme et celui de mes parens, édifier un celeste palais, je donne et concede à Dieu et à l'eglise de Saint-Pierre de Maillezais ma personne et tous mes biens presens et à venir, et j'institue pour mes heritiers les religieux de ce monastère et son abbé (1). »

---

(1) *Ego carens hæredibus à carne meâ legitime procreatis, considerans de salute animæ meæ cum parentibus meis, et cupiens ædificare cœleste*

Ensuite, pour attester leur sacrifice et se rappeler à tous momens qu'ils ne devaient plus songer à leurs biens, à leur individualité, les hommes, qui se donnaient ainsi à un monastère, prenaient un collier de cuir, qu'ils conservaient durant leur vie nouvelle, et qu'on avait soin de leur laisser après la mort.

A la fin de ce siècle, les possessions arrivèrent de toutes parts à la puissante abbaye ; car, par ces temps où la foi était si vive, mais où les passions tumultueuses de la vie entraînaient à d'incroyables écarts, on avait besoin à toute heure de cette merveilleuse église, qui pouvait d'un seul mot effacer tant de fautes. Maillezais d'ailleurs avait tant souffert, que ses chefs se servaient de ce douloureux passé pour entraîner à leur suite des offrandes et des vœux ; en effet les âmes sensibles, subjuguées par le souvenir du terrible Gefroy, n'avaient plus rien à dire quand la voix des abbés, ces hommes qui représentaient le savoir et l'intelligence de leur

---

palatium pro salute animæ meæ parentumque meorum, do et concedo Deo et ecclesiæ beati Petri malleacensis me et omnia bona mea præsentia et futura, et religiosos viros et abbatem hæredes meos facio. (Archives de l'évêché de la Rochelle.)

époque, venaient à leur dire : C'est pour réparer nos cloîtres si longtemps dévastés, c'est pour l'église qui commence, pour l'église qui s'achève ; donnez, et nous prierons pour vous.

Aussi les présens n'avaient pas manqué ; hier, c'étaient des rentes, des prés, des complans de vigne, tous les biens présens et à venir du chevalier Duverger, en échange de quelques pieds de terre sous les voûtes de l'église ; c'était Hugues d'Allemagne qui vint pour donner son tribut, lui qui n'avait pas oublié de faire intervenir sa famille, afin de lui enlever à tout jamais le droit de redemander l'héritage consacré. Quelquefois on exprimait aussi dans ces vieilles chartes les noms des enfans, même à la mamelle, car le père et la mère répondaient pour eux, et leur faisaient poser sur l'autel le titre qui enlevait à leur avenir une possession qui quelquefois leur aurait été bien utile (1).

Pour continuer cette longue série d'offrandes, le seigneur de Marans, Renaud de Pressigny, vint donner des marais, où il ne réserva pour lui que le droit d'y rendre la justice (2).

---

(1) Dom Tassin, *Nouvelle diplomatique*, tom. V, p. 796.

(2) *Manuscrits de* Fonteneau.

Enfin les religieux de Maillezais ayant acquis en 1291 quelques terres et quelques rentes dans les fiefs de Sebran Chabot, seigneur de la Roche-Servière et des Essarts, celui-ci en confirma les possessions, et, par une grâce toute spéciale, il voulut que les religieux, exempts de redevances et de coutumes, exerçassent à volonté tous les droits de propriété et de juridiction (1).

Bientôt après, Renaud de Pressigny, le seigneur de Marans, dont nous avons parlé tout-à-l'heure, fait dire à l'abbaye : « Les Anglais nous menacent, ils ont insulté les côtes; on les a vus près de La Rochelle ; on tremble en Aunis et en Saintonge. il faut donc se préparer, réunir des armes, lever des soldats, fortifier la place que je défends ; et vous, moines, qui dans nos domaines possédez des hommes et des terres, nous abandonnerez-vous ? Il s'agit de notre salut, de celui de vos frères. » Mais les moines étaient avides, ils aimaient à recevoir et jamais à donner, car dans leur vie individuelle, séparés depuis longtemps d'un monde qui n'était plus fait pour eux, parqués

---

(1) *Manuscrits de* FONTENEAU.

sur un coin de terre, leur dernière demeure, ils songeaient seulement aux intérêts privés de leur monastère, dont ils faisaient leur plus chère patrie. Pour l'homme de la solitude, elle consiste en effet dans le toit qui l'abrite, dans les arbres qui lui prêtent leur ombre, et dans la cloche qui tinte pour lui qui va prier, pour lui qui va mourir. Aussi les religieux de Maillezais sont d'abord insensibles à la voix qui les sollicite; cependant, après avoir songé à leurs frères qui demeurent dans les environs de Marans, cependant, après avoir fait décider qu'un précédent ne pouvait pas compromettre les intérêts de leur abbaye, après s'être assurés que leurs priviléges seraient toujours respectés, les religieux consentirent à donner au seigneur de Marans quatre livres tournois; ils les offrirent, mais comme un don, comme une grâce qui leur laissait dans toute leur intégrité, leurs droits et leur indépendance (1). Le château de Marans fut alors fortifié, et le Poitevin Hugues de Thouars fut envoyé par le roi pour veiller à la défense des côtes (2).

(1) *Manuscrits de* FONTENEAU.
(2) ARCÈRE.

Quelque temps après, l'abbaye fit des acquisitions et reçut des offrandes nouvelles, pour rappeler sans doute que le treizième siècle, dont le commencement avait été si funeste à l'église de Maillezais, devait être cependant pour elle l'époque des largesses et de la prospérité (1).

(1) *Manuscrits de* FONTENEAU.

CHAPITRE X.

Geoffroy ou Godefroy de Poncrelle. — Plusieurs églises sont érigées en cathédrales. — Maillezais devient un évêché. — Bulle d'érection. Puissance des papes. — Cérémonies qu'on observe au sacre des évêques. — Conservation de l'abbaye. — Guillaume de Sambuti lève des tailles sur les habitans de Niort. — La nouvelle cathédrale est réparée et embellie. — Les évêques Robert et Godefroy de Pons. — Le pape Benoît veut régénérer les monastères de l'ordre de Saint-Benoît. — L'évêque Jean.

Quelques années plus tard, de nouveaux présens, de nouvelles faveurs viennent augmenter les grandeurs de l'abbaye (1) : pour elle toujours des offrandes, toujours des richesses, et pourtant ce n'est rien encore ; car les temps sont si favora-

(1) *Manuscrits de* Fonteneau.

bles aux choses des monastères, et surtout à l'ordre de Saint-Benoît, que les églises en sont de tous côtés érigées en cathédrales(1). L'abbaye de Maillezais aura part à toutes ces fêtes, car son chef est parti pour l'Italie; et son influence est si grande, qu'il va persuader sans doute au pape Jean XXII qu'il existe une abondante moisson dans les champs du monde et peu de moissonneurs. En effet, le souverain pontife, sortant du matin comme un père de famille, envoya des ouvriers dans sa vigne pour la faire cultiver à toutes les heures de la journée(2), comme le prouve la bulle d'érection et d'assignation, dont voici le texte :

« Considérant que la multitude est grande au diocèse de Poitiers, un seul pasteur ne peut suffire; il est difficile que tant de personnes de l'Eglise et du siècle puissent recourir à un seul chef. Pour la louange de Dieu, l'honneur de l'Eglise et le salut des fidèles, nous partageons l'évêché

---

(1) SISMONDI, *Histoire des Français.*

(2) *Et ipse exiens manè veluti pater familias, horis diei variis operarios in vineam suam misit.* BESLY, p. 172 et 173, *des Comtes du Poitou*, édition in-folio.

de Poitiers, et nous érigeons en cité les villes de Maillezais et de Luçon, car par leur célébrité et leurs richesses elles sont dignes de ces nouveaux honneurs (1). D'après notre puissance apostolique et la plénitude de nos pouvoirs, nous ordonnons que le monastère de Maillezais soit fidèle aux préceptes de Saint-Benoît; mais son église est changée pour toujours en église cathédrale. En conséquence, nous accordons pour le présent et l'avenir à la cité de Maillezais les doyennés de Fontenay, de Saint-Florent, de Vihiers, de Bressuire; nous lui donnons aussi les monastères et les prieurés qui relèvent de ces pays divers. A ces faveurs nous en ajoutons d'autres : Maillezais aura toutes les dignités, les droits, les juridictions temporelles et spirituelles, telles qu'elles avaient coutume d'être au diocèse de Poitiers; il sera libre de toute supériorité. La prééminence, la juridiction, l'exercice du droit spirituel et temporel, qui avaient jusqu'alors appartenu à l'évêque de

---

(1) *Malleacensem et de Luconio villas, veluti loca insignia et ad id convenientia ac rerum ubertate fœcundata, de novo in civitatem erigimus et civitatum vocabulo decoramus.* Besly, p. 173, *des Comtes du Poitou*, édition in-folio.

Poitiers, appartiendront à celui de Maillezais, et dans l'étendue du territoire qui lui est accordé il aura les fruits, les revenus des dignités et des offices. Voulant valider toutes ces choses pour l'éternité, et craignant que quelqu'un, n'importe sa prééminence et sa condition, qu'il soit évêque, archevêque ou roi, ne songe à troubler nos résolutions, nous déclarons inutiles et vaines toutes les tentatives qui pourraient être faites. Qu'il ne soit donc permis à aucun homme de briser les volontés inscrites sur ces pages; qu'il ne songe jamais à prendre des résolutions contraires à la division que nous venons de faire; qu'il ne songe jamais à enfreindre nos institutions, nos volontés, nos établissemens, les libertés données, les défenses que nous avons faites. Si quelqu'un a l'audace d'attenter à nos ordres, qu'il reconnaisse qu'il doit encourir l'indignation de Dieu et des apôtres bienheureux Pierre et Paul. Donné à Avignon, aux ides d'Auguste 1317 (1). »

On voit par cette bulle que la puissance des

---

(1) *Si quis autem hæc attentare præsumpserit indignationes omnipotentis Dei et beatorum Petri et Pauli apostolorum se noverit incursurum.* BESLY, p. 174.

papes était souveraine sur la terre de France : en effet, pour l'érection de l'évêché de Maillezais, le pape ne pense à consulter ni le roi ni l'évêque de Poitiers. L'avis des cardinaux, son exacte connaissance et la plénitude de son pouvoir, voilà ses seuls guides (1). On voit aussi par cette bulle que les évêchés ne devaient être placés que dans les cités, et que, pour remplir cette obligation, on donna cette indispensable dénomination à la localité dont nous retraçons l'histoire. Le premier évêque de Maillezais, Godefroy de Ponerelle, fut sacré, le dimanche avant la Sainte-Catherine, par Bérenger de Bitteris, alors évêque d'Ostie. La cérémonie fut faite à Avignon, où était alors la cour pontificale. Le prieur d'Ardin, Lucas de Marsay, fut témoin des honneurs de Ponerelle ; il en écrivit les détails, qui ne sont pas arrivés jusqu'à nous (2).

Le jour de son sacre, un évêque devait avoir des émotions bien diverses ; à la vue des prélats qui l'entouraient, et qui prononçaient pour lui des paroles sacrées ; à la vue du livre des Evan-

(1) BESLY, p. 173.
(2) LABBE, tom. II, p. 248.

giles, de ses mains qui s'y posaient, et de cette huile qui coulait sur sa tête, pour lui faire savoir qu'il était maintenant le chef et le guide de tout un peuple; son imagination devait surgir à de hautes pensées. Le costume lui-même avait son langage et sa pensée mystique; la tunique à sacrifice, et la dalmatique, image de la croix, étaient là pour lui rappeler à tous momens les souvenirs de la terre sacrée, les douleurs de Jésus-Christ; ensuite une voix secrète arrivait pour lui dire : « Tes gants épiscopaux, c'est le voile qui doit cé« ler tes bonnes œuvres; ta mitre, c'est la nour« riture, la substance spirituelle que tu vas don« ner à tous; l'anneau, c'est le gage du mariage « spirituel que tu viens de contracter avec ta ber« gerie; ta crosse c'est le symbole de ta force « et de ta puissance: tu peux corriger, frapper « et châtier (1). »

Il est probable que l'abbé de Maillezais et celui de Luçon, dont les deux églises avaient été érigées en cathédrales par la même bulle, étaient allés solliciter la création de leurs évêchés, puis-

---

(1) *Estat des Cours ecclésiastiques*, l. I, p. 37 et suiv.

qu'ils furent sacrés sur les lieux témoins des nouveaux titres qu'ils venaient d'acquérir. Ils durent être fiers, ces chefs d'abbayes, de rentrer dans leurs monastères avec les dignités qu'ils avaient conquises sur la terre lointaine; car il fallait que leur faveur fût grande pour obtenir la création de deux évêchés si voisins l'un de l'autre. Quoique l'église de Maillezais eût été érigée en cathédrale, l'abbaye ne fut pas détruite; elle eut toujours ses moines, ses néophites, toujours ses fêtes, ses dignités : aussi l'évêque de la jeune cité fut en même temps le chef de l'antique monastère et de la circonscription religieuse qu'on venait d'établir. A l'avenir, l'abbaye et l'évêché vivront dans les mêmes murs, dans la même cité; leur destinée sera donc la même jusqu'au moment où, frappés par d'incroyables adversités, on les verra tomber et disparaître ensemble.

L'évêché de Maillezais comprit un archiprêtré, celui d'Ardin, commune aujourd'hui très obscure; il renferma 4 doyennés, 228 paroisses, 146 prieurés (1) et plusieurs abbayes, celles de

(1) *Histoire du Poitou*, par Dufour, p. 20.

Maillezais, de Nyeul, d'Airvault, où l'on remarque encore aujourd'hui de curieuses églises. Il faut nommer aussi Notre-Dame-de-Belle-Fontaine, la Vieille-en-Gastine, Moureilles, l'Absie, et Mauléon, qui doit perdre, un jour, et ses moines et son nom (1).

Du premier évêque de Maillezais il ne reste aucun souvenir ; sut-il répondre aux vœux du pape, aux espérances fondées sur lui, on l'ignore : d'ailleurs, il demeura si peu sur le nouveau siége, le but de toute son ambition ; il en descendit si vite pour faire place à Guillaume de Sambuti, qui convoita bientôt dans les environs de Niort les villages de Sainte-Pezenne et de Sibecq (2) ! Alors une querelle s'engage avec le prélat de Poitiers, qui supplie le pape Jean de lui faire restituer ses possessions avec toutes leurs redevances et leurs droits. Touché par la voix du prélat qui l'implore, le souverain de Rome confie au cardinal de Sainte-Suzanne le soin d'entendre les parties. Les représentans de l'évêque de Poitiers et ceux de l'évêque

(1) Pouillé, général de l'archevêché de Bordeaux.
(2) Besly, p. 174.

de Maillezais se réunirent pour traiter ensemble la contestation qui venait de s'élever. Après cette entrevue, le cardinal ayant fait connaître au pape tous les renseignemens qu'il avait pu recueillir, le souverain de Rome déclara, par sa bulle du 20 septembre 1318, que le domaine de Sainte-Pezenne, son église et celle de Sihecq appartenaient à l'évêque de Poitiers, parce que les lieux qui avaient été l'objet d'une contestation étaient enclavés dans l'officialité et dans l'auditoriat de Niort, dépendant de l'évêché de Poitiers (1).

Les religieux de Maillezais avaient pris part au splendide festin où l'on partagea les dépouilles des malheureux templiers; ils avaient reçu de vastes marais, d'immenses prairies : aussi les habitans de Niort, de Sainte-Pezenne, de Sihecq, de Mursay, d'Echiré, de Surimeau, de Croizet, de Gascougnolles, de Mougon, de Thorigné, de Fressines, de la Rivière, de Vouillé, de Ruffigni, de Brelou, de Boisragon, de François, de Chabans, de Souché, d'Aiffres, de Beaulieu, d'Oulmes, de Bapeaumes, de Mazins, de Sazai, de l'Ile,

(1) *Manuscrits de* FONTENEAU.

de Saint-Hilaire-la-Palu, de Saint-Georges-de-Rexe, de la Barbée, d'Amuré, de Chanteloup, de Bessines, de Saint-Florent, d'Arçay, de Montfaucon, de la Rivière, de la Palu, de l'Arceau, devaient aux cénobites de Maillezais des redevances annuelles, seigneuriales et foncières, parce qu'ils envoyaient leur bétail au pacage dans les marais et dans les prairies situées sur les rives de la Sèvre, depuis Boisragon jusqu'à Maillezais. Cependant le fief, la juridiction et la seigneurie n'appartenaient point aux moines de l'antique abbaye, mais aux chevaliers de Saint-Jean-de-Jérusalem, qui en étaient les suzerains. Les redevances, payées par les différens villages que nous avons nommés plus haut, se percevaient d'une façon singulière. Tous les ans un moine de Maillezais se rendait dans chaque village pour demander à haute voix le tribut accoutumé; alors les habitans s'empressaient de se rendre à la porte de l'église ou au four banal pour payer ce qu'ils devaient à cause des brebis, des chevaux, des bœufs qu'ils envoyaient au pacage (1).

(1) ALLARD DE LA RESNIÈRE, p. 238 et suiv.

En 1320, le roi Philippe permit à la foule de se réunir pour la première fois dans la ville de Maillezais pour acheter et pour y vendre (1). L'établissement des foires était alors bien rare; de curieuses cérémonies accompagnaient leur établissement : aussi des fêtes eurent lieu sans doute à l'évêché, dans la maison du peuple, car tous croyaient voir une bonne journée apparaître et venir. Ce fut Guillaume de Sambuti qui fut chargé, en 1325, de lever sur les habitans de Niort des tailles destinées à l'établissement d'un port, auquel on travaillait depuis longtemps (2).

Vers ces temps, l'église de Maillezais fut considérablement embellie; il était juste, en effet, de la rendre digne des nouveaux honneurs et des titres qu'elle venait d'obtenir. Alors la croix, le chœur et l'abside s'élevèrent avec toutes les pompes et les grandeurs du quatorzième siècle. De tous ces magnifiques ornemens, de ces hauts clochers, que reste-t-il aujourd'hui? deux fragmens de mur absolument semblables au nord et à l'ouest du transsept sep-

---

(1) *Manuscrits de* FONTENEAU.

(2) *Archives de Niort.*

tentrional. A chaque travée se lève un faisceau de trois colonnes qui montent jusqu'à la naissance des voûtes. Les chapiteaux de toutes les colonnes sont invariablement ornés de feuilles de vignes. Au-dessus de la première arcature règne une galerie qui s'étendait tout autour du chœur. La balustrade est formée par une rangée de colonnes géminées, surmontées d'arcs ogivaux trifoliés. Au-dessus de cette galerie s'élancent de nouvelles arcatures, doubles en largeur de l'arcature inférieure. Les arcs de toutes ces ogives sont ornés de deux colonnettes à chapiteaux de feuilles de vigne. L'une des arcatures supérieures est ouverte et forme une grande fenêtre ogivale dont le tympan est entièrement dégarni de ses meneaux. Dans l'une des arcatures inférieures s'ouvre une fenêtre qui a conservé son tympan, formé de trois trèfles; elle était divisée par un seul meneau; à l'extérieur, elle est entourée d'un tore épais dessinant une fenêtre carrée, et elle est surmontée d'une guirlande de tulipes qui retombe de chaque côté jusqu'à la naissance des arcs ogivaux. Le travail de toute cette ornementation est d'une hardiesse, d'une élégance, d'un fini remarquable, et paraît sorti des mains d'artistes habiles et expérimentés. Rien de plus gracieux, de mieux refouillé que les guirlandes de pampres qui enlacent tous les chapiteaux.

A ce transsept étaient adossés des contreforts étagés, saillans, servant de cages d'escaliers qui conduisaient à des clochers. L'un de ces contreforts, orné sur sa face septentrionale d'un clocheton garni de crochets, est terminé par une lanterne octogone dont les faces sont divisées par des faisceaux de trois petites colonnettes. Tous les caractères que nous venons de remarquer appartiennent au commencement du quatorzième siècle, à ces temps où l'ogive a remplacé le plein cintre, où les ornemens ont plus de grâce et plus de légèreté. En effet, d'élégantes colonnettes se sont groupées pour remplacer les lourds piliers cylindriques. L'art a progressé ; depuis longtemps tout dans le temple monte et s'élance vers le ciel. C'est à cette époque que l'architecture ogivale avait acquis toute son élégance, toute sa pureté, toute sa hardiesse ; c'est à cette époque que l'on voyait sur le Rhin le magnifique chœur de la cathédrale de Cologne, cette merveille de l'art religieux, dont les parties de l'église que nous venons de décrire semblent être une imitation. En effet, les dispositions des colonnes en faisceau, la forme et l'ornement des ogives sont absolument les mêmes dans l'une et l'autre église : partout l'ogive élancée, les guirlandes de vigne, les trèfles et les tympans trifoliés. L'artiste qui fit construire Maillezais avait vu Cologne, il n'en faut pas douter ; seulement l'échelle est réduite.

L'évêque Guillaume de Sambuti fut remplacé par un nommé Robert, dont le nom seul nous est connu. Pour lui point d'histoire, point de date ; sa conduite et sa vie sont ensevelis pour toujours dans le vide et l'oubli (1).

En 1329, le froid fut continuel ; aussi les vins récoltés sur les coteaux de Saint-Pierre-le-Vieux ne rentrèrent dans les celliers de l'abbaye qu'à la fête de tous les saints. L'année suivante, par un bizarre contraste, le printemps fut perpétuel ; il y eut d'abondantes récoltes, des fleurs et des fruits presque toujours (2).

---

(1) *Nova Gallia christiana*, col. 1372.
(2) LABBE, tom. II, p. 248.

Sous Godefroy de Pons, qui descendait d'une illustre famille de la Saintonge, les eaux s'élevèrent à une hauteur prodigieuse ; les marais de Maillezais ressemblèrent à l'immensité des mers, et leurs eaux, battues par les vents, s'en vinrent, avec de longs murmures, se heurter et se plaindre aux pieds de l'abbaye. L'année suivante, l'évêque de Maillezais fut frappé par la mort : Cet illustre trépassé portait pendant sa vie un écusson d'argent, à la face bandée d'or et de gueule (1).

Vers ces temps, l'ordre monastique, qui s'était maintenu dans sa gloire primitive, déclina tout-à-coup. Les richesses et la prospérité furent les écueils où vinrent échouer sa longue renommée, ses vertus de tant de siècles. Plongés dans l'indifférence et la paresse, ils négligeaient les nobles travaux de l'intelligence ; aussi, le 20 janvier 1336, le pape Benoît prononça des paroles sévères, qui s'étendirent à tous les monastères de Saint-Benoît. Pour y ranimer le flambeau de l'étude, il prescrivit à chaque abbaye d'avoir un

(1) *Manuscrits de* FONTENEAU.

maître de grammaire, de logique et de philosophie ; il recommanda également d'apprendre le droit canon, d'étudier la théologie (1).

En 1342, avec le consentement et l'autorité de l'évêque de Maillezais, nommé Jean, le chevalier Reginal de Trocha, seigneur de Lomaye, auprès de Maulevrier, fonda, pour le salut de son âme, celui de ses parens et de ses amis, une chapelle qu'il dota d'un chapelain (2) et de quelques redevances.

---

(1) FLEURY, *Histoire ecclésiastique*, tom. XIX, p. 537.
(2) *Manuscrits de* FONTENEAU.

CHAPITRE XI.

Eustache et Janvier. — Peste terrible. — Lettres de sauvegarde. — Des oiseaux voyageurs. — Pierre de Thury. — Jean le Masle. — Son traité avec un seigneur de Parthenay. — Voyage à Rome. — Desséchement des marais. — Guillaume de Lucé. — Thibault de Lucé. — Il assiste aux conseils du roi. — Louis de Rouhault. — Louis XI prend sous sa sauvegarde la cathédrale de Maillezais. — Les eaux de la mer disparaissent tout-à-coup. — Jean d'Amboise. — Frédéric de Saint-Séverin.

Les successeurs de l'évêque Jean furent des hommes inconnus, Eustache et Janvier, dont nous pouvons seulement citer les noms. Ils régnaient quand la bataille de Maupertuis fut livrée sur les terres du Poitou. Ils régnaient encore quand, par le traité de Brétigny, la domination de l'Angleterre vint s'asseoir au sein de nos cités captives. A ces jours de deuil succéda la famine : pendant quatre ans une mort implacable moissonna nos contrées. Ce terrible fléau, qui frappa l'Europe tout entière, est connu dans l'histoire sous le nom de peste de Florence (1).

En 1360, Guy avait reçu la mitre des évêques. Ce fut quelque temps après que Charles V accorda des lettres de sauve-garde à l'évêque, au chapitre de Maillezais et aux défenseurs de leurs églises; ensuite il leur donna pour gardiens le gouverneur de La Rochelle et le bailli des exemptions de Touraine, Anjou, Poitou et Angoumois (2).

Alors de nombreux oiseaux avaient adopté déjà, comme aujourd'hui, la basilique de Saint-Pierre; aussi, selon les poétiques récits de Pierre de Bressuire, ces oiseaux, qui s'absentaient quelquefois, ne manquaient jamais de se rendre à leur ancien asile pour y déposer leur nichée; mais avant de revenir, le peuple voyageur envoyait trois ou quatre députés pour savoir si les tours de Maillezais, leur première demeure, pouvaient les recevoir encore. Quand les messagers avaient

---

(1) SISMONDI; *Histoire des Français*, tom. X, p. 342.
(2) *Ordonnances des rois de France*, tom. VI, p. 14.

apporté la nouvelle attendue, la foule tout entière arrivait pour voltiger et s'abattre sur les toits, les clochers de l'antique abbaye (1). C'est ainsi que les écrivains des temps passés aimaient à mêler des fables à de graves récits.

En 1380, un nouveau nom vient s'ajouter à la liste des évêques : c'est un autre Jean qui préside à la somptueuse cathédrale, qui trône dans le magnifique sanctuaire ; mais pour lui, comme pour ses prédécesseurs, notre plume ira vite, car il est passé sur la terre du Poitou sans y laisser de traces (2).

Pierre de Thury, l'ancien custode de l'Eglise de Lyon, était évêque de Maillezais en 1382. Après avoir reçu cette dignité au temps où il était maître des requêtes à la cour du roi Charles VI, il fut l'un des ambassadeurs de la France pour signer une trêve avec l'implacable Angleterre (3).

Pierre de Thury, appelé à d'autres fonctions, céda bientôt l'évêché de Maillezais à Jean le Masle. Dans la liste populaire des évêques de

---

(1) *Bibliothèque du Poitou*, tom. I, p. 396.
(2) *Nova Gallia christiana*, tom. II, col. 1372.
(3) Froissard, tom. II, p. 291.

Maillezais on place un autre Jean ; mais sans aucun doute Jean le Masle était évêque en 1384. En effet, des lettres conservées dans la chambre des comptes prouvent qu'il était alors chancelier du duc de Berry (1).

Après l'élection de Benoît XIII, le roi Charles, qui faisait tout pour l'union de l'Eglise, convoqua en 1394 les prélats les plus distingués de son royaume; il les fit avertir par des lettres, qui furent envoyées aux lieux où leurs titres les obligeaient à résider. Beaucoup s'excusèrent, les uns sur leur grand âge, d'autres parce qu'ils n'avaient pas de quoi faire les frais du voyage; l'évêque de Maillezais, lui, fut fidèle à la voix de son souverain, et il se rendit à la grande assemblée, pour discuter et délibérer sur les graves intérêts de l'Eglise (2).

Bientôt après, Jean le Masle obtint de Jean l'Archevêque, seigneur de Parthenay, un traité en faveur des hommes de Mervent, forcés depuis longtemps à veiller eux-mêmes à la garde du château, qui s'élevait non loin de leur demeure.

---

(1) *Nova Gallia christiana*, tom. II, col. 1372.
(2) *Histoire de Charles VI*, par LE LABOUREUR, tom. I, p. 276.

L'arrangement qui fut fait décida que l'évêque de Maillezais et ses successeurs seraient seulement obligés de donner au seigneur de Mervent un oiseau de proie, nommé Autour, à chaque fois que le seigneur de Volvire viendrait à mourir. Grâce à cet oiseau du carnage, dont l'offrande était toujours chère aux hommes du Poitou, si passionnés pour les joies, les plaisirs de la chasse, Jean l'Archevêque renonça pour lui et pour les siens aux demandes qu'il avait le droit de faire à l'évêque de Maillezais et à ses hommes ; il renonça également aux rentes, aux devoirs, aux juridictions qui lui revenaient. L'évêque de Maillezais obtint encore quelque chose en faveur des habitans de Chaillé ; il leur fut accordé de monter seulement quatre guets au château de Mervent, encore ils furent libres de s'en délivrer en payant au capitaine du château ou à son lieutenant deux sous par garde. Toutes ces faveurs furent obtenues par une somme de huit cents écus d'or au coin du roi (1).

Maillezais était alors sous la sauve-garde du roi Charles VI ; ses priviléges étaient si grands,

---

(1) *Manuscrits de* FONTENEAU.

qu'il ne pouvait être séparé du domaine de la couronne (1). A l'évêque de Maillezais d'autres honneurs encore ; le 10 mai 1402, il siégeait dans les conseils du duc de Berry, ce brillant comte de la terre du Poitou. Quelques années plus tard, il prit part au grand conseil tenu pour aviser au gouvernement de l'Etat.

Ensuite, au temps du fameux concile de Pise, où il ne put assister, Jean le Masle envoya quelqu'un pour le remplacer, car l'Eglise de Maillezais ne pouvait pas être absente dans cette grave circonstance (2).

Le desséchement des marais est bien ancien. Les premiers travaux remontent au douzième siècle. Sous l'évêque Jean, en 1409, des travaux existaient en grand nombre ; mais le temps, ou l'indifférence qui les avait négligés, permirent à l'immensité des eaux de rester sur les terres envahies. Alors des eschenaux, des chaussées, des ponts et des pontereaux durent être faits ou réparés. Aussi l'évêque de Maillezais fut-il chargé de veiller à leur réparation, à leur entretien. Alors

---

(1) *Archives de Niort*, note de M. Briquet.
(2) *Nova Gallia christiana*, tom. II, col. 1373.

il résolut d'assembler les gens d'église, les chevaliers et tous ceux qui devaient contribuer aux réparations demandées : c'était juste ; aussi les convoqua-t-il à Fontenay, un dimanche, pour recevoir leur avis et leur donner les siens (1).

Bientôt la France est en armes ; les princes veulent, disent-ils, remédier aux désordres de l'État. Le duc de Bourgogne propose la paix ; mais le duc de Berry persiste à marcher sur Paris. Le duc de Bourgogne, qui craint de le voir arriver avec toutes ses forces, est effrayé ; mais pour éloigner son rival, il ne trouva qu'un moyen, celui d'envoyer à sa rencontre des personnes qui lui fussent agréables. Le choix tomba sur plusieurs évêques, entre autres sur celui de Maillezais : l'abbé de Saint-Maixent et le sire de Parthenay firent aussi partie de la pacifique ambassade (2).

Quand le pape d'Avignon voulut faire quelque chose en faveur de la concorde et de l'union, il fit prier son compétiteur, qui siégeait dans la ville éternelle, de recevoir ses ambassadeurs. Parmi les prélats qui devaient lui parler en faveur de

---

(1) *Manuscrits de* FONTENEAU.
(2) LE LABOUREUR, *Histoire de Charles VI*, tom. II, p. 732.

l'Eglise tourmentée, se trouva l'évêque de notre cathédrale. La terre étrangère ne lui fut pas favorable ; car, à la mort du pape Boniface, frappé par les paroles des prélats agenouillés qui priaient au nom de tout un monde, le peuple s'ameuta, et l'évêque de Maillezais, renfermé dans le château Saint-Ange, ne put s'échapper qu'à force d'argent de l'odieuse prison qui le tenait éloigné de cette belle France qu'on regrette toujours (1).

Ce fut en 1418 que la petite ville de Maillezais vit arriver le dauphin de France dans les murs de sa vieille abbaye ; c'est là qu'il prit diverses mesures pour faire exécuter le traité qu'il venait de conclure avec les Bourguignons (2).

L'évêque Jean resta sur le siége des évêques jusqu'à l'année 1421 ; ce fut, dit-on, l'époque de sa mort. Ce prélat eut pour successeur Guillaume de Lucé : ce conseiller, clerc à Paris, ce chanoine de l'église de Chartres, fut élu évêque de Maillezais par le chapitre de cette église, et confirmé par le pape Martin V (3).

---

(1) *Histoire de Charles VI*, par CASTELNAU, tom. I, p. 501.
(2) *Bibliothèque du roi*.
(3) *Nova Gallia christiana*, tom. II, col. 1373.

Guillaume de Lucé, dont l'importance comme celle de ses prédécesseurs était grande, siégeait au conseil du roi Charles VII qui se tint à Bourges en 1422, alors que la France palpitante et blessée se débattait avec tant de peine sous les coups de l'Angleterre (1). Ce fut alors que le roi accorda à Guillaume de Lucé des lettres d'amortissement au sujet de l'abonnement du droit de rachat fait entre l'évêque de Maillezais et le seigneur de Mervent pour la terre et seigneurie de Chaillé, qui était dans la mouvance du château de Volvire, et qui relevait par arrière-fief de celui de Mervent (2).

A Guillaume succéda Thibaut de Lucé, qui fut en même temps maître clerc à la chambre des comptes. Les évêques de Maillezais, qui remplissaient presque toujours des fonctions élevées, ne siégeaient sans doute que de loin en loin dans leur demeure de Maillezais. En effet, le palais épiscopal, sans éclat, sans grandeur, pour eux, ressemblait à un désert; et puis, que leur importait, à ces hommes alors si fiers, le soin de ces âmes

---

(1) *Archives de* M. DE LA FONTENELLE.
(2) *Manuscrits de* FONTENEAU.

modestes qui vivaient sur les terrées de la Sèvre ; que leur importait leur abbaye et leur cathédrale si pompeuse et si belle : il leur fallait, à ces représentans de l'Eglise dégénérée, le faste et les grandeurs du monde ; il leur fallait la foule, pour étaler devant elle et leurs habits de fête, et leur haute influence.

Thibaut de Lucé, qui portait dans ses armes un lion d'azur, fut toujours mêlé aux grandes choses de la France ; il assista aux différens conseils tenus à Saint-Amand et à Bourges (1). Ce fut d'après les avis du puissant prélat que le roi Charles ordonna que des actions de grâce seraient rendues à Dieu pour l'heureuse expulsion des Anglais, dont les bandes avaient fatigué si longtemps les terres de Normandie (2).

L'évêque de Maillezais fut encore présent à un conseil tenu aux Montils-les-Tours en février 1450 ; et à celui de Chiché-les-Montluchon, tenu en mai 1451. Quelques années plus tard, quand il fallut réformer la justice, Thibaut de Lucé prit part aux délibérations exigées par cette grande

---

(1) Ordonnances des rois de France.
(2) LABBE, tom. II, p. 245.

entreprise ; puis après il assista, en 1451, à la translation de saint Martin dans l'église de Tours (1).

Après Thibaut de Lucé, c'est Louis de Rouhault, abbé de Saint-Pierre de Bourgueil, qui devint évêque de Maillezais (2). Ce prélat faisait partie de l'illustre famille qui devait donner à son pays Joachim de Rouhault, maréchal de France, connétable de Guyenne, et qui avait produit déjà le célèbre Tristan, vicomte de Thouars, et chef d'une grande portion du Poitou (3).

(1) *Nova Gallia christiana*, tom. II, col. 1374.

(2) *Ibid.*

(3) Tristan Rouhault qui est le personnage dont Marchangy a fait son Tristan le voyageur dut son titre de vicomte de Thouars à son mariage avec Péronelle de Thouars, fille aînée de Louis de Thouars, l'héritière et la dernière de cette maison qui ait possédé la vicomté de Thouars. Tristan Rouhault, avant d'être devenu l'époux de Péronelle de Thouars, avait été distingué par des faits d'armes et par son attachement pour la France. Aussi, pour l'en récompenser, Jean, duc de Berry et comte de Poitou, lui donna, en décembre 1372, les biens de Bethis Rouhault, son cousin, qui tenait le parti des Anglais. Devenu, après son mariage, puissant en honneur et en richesses, le vicomte Tristan servit la France comme chevalier banneret; il accompagna Charles VI en Flandre, et notamment au siége de Bombourg, en 1383, avec seize chevaliers et cent trente-trois écuyers. En 1386, le vicomte Tristan Rouhault servait encore le roi avec sa belle et

Toujours les Rouhault se sont distingués dans les armes, toujours ils ont versé leur sang dans les luttes de la France. Aujourd'hui que cette noble lignée touche à son terme comme tant d'autres, il est permis de parler avec estime de ces vieux noms de notre vieille France, qui s'en vont chaque jour, emportant avec elle toute une époque et tout un monde effacés pour toujours.

Ce fut vers ce temps que les rois commencè-

---

nombreuse compagnie de gendarmes, dans laquelle se trouvaient ses frères puînés, Louis et Gilles Rouhault.

Je m'arrêterai ici, sans parler, pour ainsi dire, des autres membres de la maison Rouhault, nés en Poitou, qui ont marqué dans l'histoire. Je citerai seulement le frère de Tristan, André Rouhault, que Jean, duc de Berry, choisit pour gouverneur du prince Charles, son fils aîné. Gilles Rouhault, fils aîné d'André, mourut avant son père; mais il laissa pour fils Jean Rouhault, seigneur de Bois-Ménard, chambellan du roi, qui servit au siége de Parthenay, en 1419, avec vingt écuyers et seize archers sous lui, et perdit la vie à la bataille de Verneuil, en 1424. Il avait épousé Jeanne du Bellay, de l'illustre maison de ce nom, et sœur de Jean du Bellay, évêque de Poitiers. De cette union sortit Joachim Rouhault, seigneur de Bois-Ménard, qui devint sénéchal du Poitou, chambellan et premier écuyer du roi, et enfin maréchal de France, en 1461. C'est le grand personnage qu'on distingue, de son temps, sous le nom de maréchal Joachim; il joua un rôle important sous les règnes de Charles VII et de Louis XI. (*Extrait de la Notice sur Tristan Rouhault*, par M. DE LA FONTENELLE DE VAUDORÉ.)

rent à se mêler des élections religieuses. Lorsqu'un évêché, une abbaye venaient à vaquer, Louis XI ne manquait jamais de recommander ses favoris d'un jour; ensuite les élus de la protection royale accordaient rarement à la justice les places dont ils pouvaient disposer; ils les donnaient toutes à la faveur, à leurs parens, à leurs amis. Depuis lors, dans la chrétienté tout dégénère, tout s'achemine vers la décadence et prélude aux tribulations du seizième siècle, qui doit enlever à la puissance religieuse tant d'âmes, tant de peuples (1).

En 1461, Louis XI prend sous sa sauve-garde l'église cathédrale de Maillezais et tout ce qui lui appartient, et il lui donne ensuite, pour la protéger, le gouverneur de La Rochelle et le sénéchal du Poitou. Louis XI leur enjoignit de mettre sur les possessions de la cathédrale les bâtons royaux, en signe de cette sauve-garde (2).

Ce fut sous Louis de Rouhault, en 1460, que les eaux de la mer, qui venaient se mêler à celles du Marais, disparurent tout-à-coup dans la nuit

(1) LA HAYE, p. 150.
(2) *Ordonnances des rois de France*, tom. XV, p. 347.

qui précéda la fête de tous les saints (1). Ils durent être bien surpris, les habitans du Marais! ils durent s'étonner aussi, les moines de l'abbaye, de ne plus apercevoir à l'horizon les flaques de ces ondes bleuâtres, sur lesquelles planèrent tant de fois les oiseaux de l'Océan.

Louis de Roubault, qui avait l'honneur de siéger dans les conseils du roi, fit établir, en 1477, des foires et des marchés dans le bourg de l'Hermenaud (2).

Après cet évêque, qui portait ses armes de sable à deux léopards d'or, et qui gouverna le diocèse de Maillezais pendant plus de vingt ans, nous avons Jean d'Amboise, fils de Pierre, sieur de Chaumont, dont la famille fournit plusieurs prélats à l'Eglise de France. Jean d'Amboise ne fit que passer sur le siége épiscopal de Maillezais; il fut de là remplir d'autres fonctions (3).

Frédéric de Saint-Severin, né sous le beau ciel de Naples, descendait par sa mère des ducs d'Urbin. Il ne vint sans doute jamais sur la terre du

---

(1) ALLARD DE LA RESNIÈRE, p. 121.
(2) Note communiquée par M. Briquet.
(3) Manuscrits de FONTENEAU.

Poitou; ses genoux ne fléchirent point dans la basilique de Saint-Pierre; jamais, du haut de son palais épiscopal, il ne vit au loin se bercer mollement les immenses roselières dont l'harmonie est si douce et si fraîche : aussi son nom est-il inconnu sur la terre de France; sa mémoire resta sur la sienne au soleil de l'Italie (1).

(1) *Nova Gallia christiana*, tom. II, col. 1375.

CHAPITRE XII.

—

Pierre d'Acolti. — Philippe de Luxembourg. — Élection des évêques depuis leur origine. — L'église dégénère. — L'évêque d'Estissac. — Nombre des religieux. — Ligugé. — L'Hermenaud. — Rabelais. — Son séjour à Maillezais. — Il s'échappe du monastère. — Sa lettre à d'Estissac. — Jacques d'Escoubleau. — Suppression de la gabelle. — Origine des aveux. — Pierre de Pontlevoye. — Beautés de l'église de Maillezais.

Pierre d'Acolti appartenait encore à la terre lointaine ; car il naquit à Florence. Cet illustre savant, qui devait arriver aux plus hautes dignités de l'Eglise, suivit les traces de son prédécesseur, et ne visita jamais son diocèse de Maillezais (1). Alors les évêques de cette église semblaient imiter

(1) *Nova Gallia christiana*, tom. II, col. 1375.

les ondes de la mer et s'éloigner comme elles des rives qu'elles avaient battues tant de fois. En effet, comment se plaire dans une ville si modeste, quand l'orgueil s'était emparé des hommes de l'Eglise.

Philippe de Luxembourg, nommé sur la démission du cardinal Acolti, ne prit point possession de l'église de Maillezais, car, peu de jours après, il eut pour successeur Godefroy d'Estissac (1). Alors tout était changé, plus de réunions au chapitre, plus de voix à donner; l'Eglise n'était plus comme autrefois indépendante et libre; cette fière souveraine, elle était passée sous la domination royale; sa tête a fléchi, son indépendance s'efface; c'est le roi qui lui donne des chefs; c'est François Ier qui nomma d'Estissac (2).

Dans les premiers siècles du catholicisme, ce fut le peuple qui donna les premières dignités de l'Eglise; mais ensuite l'élection des évêques ayant été remise au clergé et interdite à la foule, les prêtres s'assemblèrent avec les bénéficiers pour nommer les prélats. Ce mode d'élection fut changé aussi lui, et les seuls chanoines des églises cathé-

(1) *Nova Gallia christiana*, tom. II, col. 1375.
(2) *Lettres de* Rabelais, aux notes, p. 2.

drales eurent le droit d'élire les évêques. Cette loi fut encore abrogée par le Saint-Siége; et, sous François Iᵉʳ, il fallut présenter les évêques au roi pour les faire instituer. C'est alors que la liberté et l'indépendance religieuse furent abolies pour toujours (1); c'est alors que les jours mauvais arrivèrent pour l'Eglise. Elle avait abusé de sa puissance; aussi son influence, qu'elle avait crue assise sur des bases éternelles, fut bientôt ébranlée; elle trembla sur ses pieds, qui ne marchaient plus dans la voie de l'enthousiasme et de l'austérité. Cette femme mondaine, elle fut attaquée de tous côtés par les hommes de l'intelligence, qui lui reprochaient, à bon droit, son orgueil, son intolérance, et quelquefois ses débauches.

L'évêque d'Estissac fut soupçonné par quelques-uns de pencher en faveur des idées révolutionnaires qui surgirent tout-à-coup dans la tête d'un moine nommé Martin Luther, et se répandirent sur le sol de la France avec une incroyable rapidité (2), dans ces jours d'un prosélytisme nouveau.

(1) *Estat des Cours ecclésiastiques*, ch. I, p. 4 et suiv.
(2) *Dictionnaire ecclésiastique* du père RICHARD.

Il y avait alors vingt-cinq religieux et six moines dans l'abbaye de Maillezais; parmi les grands officiers, on comptait le prévôt, l'égagé, le sacristain, l'aumônier et l'infirmier (1).

D'Estissac, dont la pensée indépendante ne craignait pas de s'occuper des hommes, dont les convictions n'étaient pas sans doute les siennes, se plaisait au prieuré de Ligugé dont la terre abondante et fertile lui donnait sans cesse des jouissances nouvelles; car il aimait avec passion les jardins, les bosquets et les fleurs. D'Estissac se plaisait encore à l'Hermenaud, cette villa de nos évêques; il s'y plaisait, car là, comme à Ligugé, il se livrait avec délices à la culture des jardins et des champs (2).

Un moine dont la renommée devait égaler les plus hautes renommées, le célèbre Rabelais, couvert du capuchon des bénédictins, vivait alors presque inconnu dans l'abbaye de Maillezais. D'abord, religieux franciscain à Fontenay-le-Comte, il en partit pour venir au monastère de Saint-Pierre; mais son imagination vagabonde

(1) *Manuscrits de* FONTENEAU.
(2) *Lettre de Rabelais*, aux notes, p. 11.

lui fit laisser les lieux qui devaient lui sembler chers, car son évêque, devenu son ami, se plaisait à écouter sa piquante ironie, sa folâtre pensée; n'importe, il fallait à ce mauvais soldat de la milice de Saint-Benoît la liberté, l'indépendance absolue; aussi, déserteur du cloître, il passa comme un fugitif sur les murs de l'abbaye pour porter ailleurs son âme ardente et vagabonde (1). Malgré cette conduite un peu singulière d'Estissac l'aima toujours; en effet, quand plus tard Rabelais partit pour l'Italie, l'évêque de Maillezais le pria de ne pas oublier les jardins de Ligugé, de l'Hermenaud, il le pria de chercher des plantes inconnues, les graines les plus rares, celles qui croissaient dans le royaume de Naples; car leur réputation était grande et il voulait en doter ses terres du Poitou (2).

Fidèle aux souvenirs de Maillezais, Rabelais n'oublia point d'Estissac et il recueillit pour lui tout ce qu'il put rencontrer, comme le prouve d'une manière incontestable la lettre qui va suivre :

(1) Archar, t. I, p. 237.
(2) *Lettre de Rabelais*, aux notes, p. 10.

« Touchant les graines que je vous ai envoyées,
« je vous puis bien assurer que ce sont des meil-
« leures de Naples et desquelles le saint Père fait
« semer en son jardin secret du belvéder. Ils
« ont par deça d'autres salades ; mais celles de
« Ligugé me semblent bien aussi bonnes, quelque
« peu plus douces et convenables à l'estomac
« mesmement de votre personne ; car celles de
« Naples me semblent trop ardentes et trop du-
« res. Au regard de la saison et semailles il fau-
« dra advertir vos jardiniers qu'ils ne les sèment
« du tout sitôt comme on fait de par deça, car le
« climat n'y est pas tant avancé. Ils ne peuvent
« faillir de semer vos salades deux fois l'an, sa-
« voir est en caresme et en novembre, et les
« cardes ils pourront semer en aoust et septem-
« bre ; les melons, citrouilles et autres, en mars.
« On vend bien ici d'autres graines, comme des
« œillets d'Alexandrie, des violes matronales,
« d'une herbe dont ils tiennent en esté leurs
« chambres fraîches, et autres de médecine ; mais
« ce serait plus pour madame d'Estissac. S'il vous
« plaist de tout je vous en envoyerai et n'y ferai
« faute. Mais je suis contraint de recourir encore

« à vos ausmônes ; car les trente écus qu'il vous
« plut me faire icy tenir, sont quasi venus à leur
« fin, et si n'en ai rien despendu en méchanceté,
« ny pour ma bouche ; si votre plaisir est de me
« envoyer quelque lettre de change, j'espère n'en
« user que à votre service et n'en être ingrat en
« reste (1). »

En 1539, quand on s'occupa de la navigation du Clain, l'évêque de Maillezais promit de contribuer aux dépenses faites au bourg de Ligugé (2). Ce fut bientôt après que d'Estissac descendit de son siége ; car Jacques d'Escoubleau, abbé de la Sainte-Trinité de Mauléon et de Saint-Pierre-d'Airvault, prit possession du siége de Maillezais le 21 novembre 1543. Son écusson était partagé d'or et d'azur à la bande bronchant sur le tout (3).

Pour fournir à ses prodigalités, François Ier avait établi sur le sel du Poitou un impôt si pesant que les officiers qui devaient le percevoir opprimèrent le peuple ; aussi, quand les habitans

---

(1) *Recueil des Lettres de Rabelais*, par les Frères Sainte-Marthe.
(2) THIBAUDEAU, tom. II, p. 42, édition in-8°.
(3) *Manuscrits* de FONTENEAU.

de la Guyenne s'insurgèrent, les hommes de nos contrées furent sur le point de se réunir à la révolte qui voulait faire diminuer des charges si fatiguantes : alors Henri II, dont la duchesse de Valentinois avait adouci les mœurs, supprima en 1549 toute gabelle à sel, magasins, greniers et officiers institués pour l'administration d'iceux (1). Mais, pour échapper à l'odieuse redevance, le diocèse de Maillezais dut payer 5240 livres et 290 livres pour les poursuites qui avaient été faites. Le tiers-état fut obligé d'en payer les deux tiers, et la noblesse un tiers (2).

Ensuite, par lettres patentes du 11 décembre 1553, l'évêché de Maillezais, pour se racheter du quart et demi de sel qui appartenait au roi dans le Poitou, fut condamné à payer 7568 livres 1 sou 4 deniers. Cette somme dut être prise sur tous les ecclésiastiques tant réguliers que séculiers, sans aucune exception. Peu de temps après on enjoignit à l'évêque de Maillezais d'aviser aux moyens de prélever le tribut qu'il devait payer, et de le faire remettre entre

---

(1) Édit de suppression de la gabelle.
(2) *Manuscrits de* FONTENEAU.

les mains du receveur général établi en Poitou (1).

En 1560, l'état ecclésiastique du diocèse de Maillezais fait entendre des plaintes et des doléances par l'entremise de son vicaire général, Philippe Grimoart, chanoine de l'église de Poitiers : ces remontrances durent être présentées au roi en l'assemblée générale des états qui devait se réunir à Meaux (2).

L'année suivante, l'évêque de Maillezais rendit aveu et dénombrement à dame Louise de Sainte-Marthe, dame de Champagné, de la terre et seigneurie de Sainte-Radégonde, à cause du châtel de Champagné (3). L'aveu était la description détaillée de toutes les parties d'une terre, c'est-à-dire de ses différens droits, de ses diverses redevances ; car le propriétaire d'un fief, quand il avait porté sa foi et son hommage à son suzerain, devait sous peine d'amende fournir dans l'espace de 40 jours l'aveu et le dénombrement de son fief. Cette coutume remonte à l'époque

---

(1) *Manuscrits de* FONTENEAU.

(2) *Archives de la Vienne.*

(3) *Manuscrits de* PREZEAU.

de la conquête des Francs, au temps où les chefs dirent à leurs soldats : « Nous vous avons donné la victoire, vous devez nous reconnaître avec nos descendans pour les chefs de vous et de vos fils ; nous vous avons donné des terres, vous devez donc avouer par des titres authentiques nos droits de supériorité. Alors tous les soldats de la terre conquise, pour obtenir de leurs chefs des faveurs, des concessions plus grandes, vinrent, non plus avec leurs armes, mais avec de longs rouleaux et de longs parchemins où ils avaient fait inscrire leurs terres, leurs prés et leurs vignes, en un mot tout ce qu'ils avaient reçu, tout ce qu'ils avaient conquis (1).

Pierre de Pontlevoy était évêque de Maillezais en 1564, et l'était encore en 1567. Pour lui, comme pour bien d'autres, les souvenirs nous échappent et nous fuient ; car ces chefs élevés d'une noble cathédrale n'y venaient que de loin en loin. Cependant quand ils daignaient arriver en visite sur les bords de l'Autise, ils avaient

(1) *Histoire des Matériaux manuscrits*, par Monteil, tom. I, p. 258 et 259.

pour les recevoir une magnifique église; le chœur était admirable, car il avait été comblé de richesses par la somptueuse renaissance, dont quelques débris nous restent encore. Le chancel ou jubé qui le précédait était orné d'un portique ionique. Là, des pierres, sculptées avec une délicatesse et une variété infinies, d'après les règles de l'architecture grecque, étaient couvertes d'une profusion d'arabesques, de figurines, de fleurs et de fruits; les balustres des galeries étaient travaillés avec un soin étonnant; les caisses des plafonds étaient garnies de rosaces encadrées dans des filets; la finesse, la délicatesse du ciseau qui avait tracé et fouillé toute cette ornementation, était vraiment admirable. Voilà ce qui devait, avec leur conscience, les retenir à Maillezais, ces prélats aux grands noms. Le clergé mérita les jours d'adversité qui lui vinrent alors; il vivait dans le luxe, dans l'oubli de ses devoirs : aussi quand les réformés s'insurgèrent, pas un évêque ne voulut s'exposer au martyre pour attester ses croyances et sa foi. Les églises furent délaissées, le peuple abandonné; et les villes où les papistes étaient en majorité, virent ces faibles prélats se séparer sans regrets de leurs troupeaux, tourmentés, persécutés (1).

(1) LA HAYE.

CHAPITRE XIII.

—

Henri d'Escoubleau. — Guerres de religion. — Des Roches-Baritaut et Puygaillard. — Garnison dans l'île de Maillezais. — Sa prise par Henri IV. — Fortifications élevées par Sully. — Massacre de deux régimens. — La cathédrale ruinée. — Surprise de Maillezais par le duc de Joyeuse. — Saint-Pompoint, sieur de Liniers, est nommé gouverneur.

Henri d'Escoubleau, sieur de Sourdis et de la Chapelle-Bellouin, abbé de la Sainte-Trinité de Rouen, prieur de Saint-Martin de Chartres, fut présent à l'assemblée générale du clergé de France en 1575 (1). Ce fut sous son épiscopat

(1) *Nova Gallia christiana*, tom. II, col. 1376.

que l'église de Maillezais entendit retentir à tous momens le bruit des armes et des soldats qui partaient, qui venaient. En effet, les guerres de religion étaient arrivées sur la terre du Poitou.: maintenant, des remparts qui s'élèvent, des remparts qui s'écroulent, de pauvres églises dont la noble face roule dans la poussière et l'oubli, des hommes qui s'égorgent et se ruent pour l'éternelle destruction.

Déjà les protestans, ces hommes des ruines, s'étaient arrêtés dans l'île de Maillezais (1); déjà les vaincus de Jarnac avaient songé à elle pour y jeter un moment leur infanterie décimée par la mort (2), quand, en 1576, des Roche-Baritaut donne ordre à Puy-Gaillard et à Landreau de faire diligence pour dégager les catholiques assiégés dans l'île de Marans; mais les royalistes, arrivés à Maillezais au nombre de deux ou trois cents gentilshommes et de quelques fantassins, apprirent que le fort de la Brune était rendu; ils n'allèrent pas plus loin. D'ailleurs, l'édit de pacification enchaîna leur ardeur belliqueuse; par

---

(1) MASSIOU, tom. I, IIIe part., p. 109.
(2) D'AUBIGNÉ, tom. I, liv. V, p. 282.

lui cependant point de sécurité; la guerre avait cessé, il est vrai, mais néanmoins l'inquiétude toujours, et l'espérance bientôt de reprendre les armes et de s'égorger encore (1).

Déjà le passage, par où les voitures s'en allaient de Maillezais à La Rochelle, avait éprouvé les désastres de la guerre; aussi l'évêque de Maillezais, le conseiller du roi, l'aumônier de Monsieur, aux gages de 500 livres, permit à des marchands de la Pichonière de faire rétablir les chemins dégradés (2). Cette opération était à peine achevée, que les partisans de la Ligue mirent une garnison dans l'île de Maillezais, qui devint chaque jour une position militaire de plus en plus importante (3).

Le roi de Navarre, laissant le sieur de la Boulaye, gouverneur de la ville de Fontenay, alla lui-même, en 1586, se saisir de l'abbaye, qui n'était gardée que par un moine et les habitans. La situation avantageuse de l'île de Maillezais décida le puissant chef du protestantisme

---

(1) *Histoire et vrai Discours des guerres civiles*, par BRISSON.

(2) *Archives de la Vienne*.

(3) D'AUBIGNÉ, tom. II, liv. I, p. 7.

à en former une place régulière. Alors, sous les ordres de l'habile Sully qui savait creuser les fossés, élever les remparts et les rendre redoutables aux attaques de l'ennemi, se commencèrent les fortifications dont l'on voit encore aujourd'hui les débris (1). Le commandement de la nouvelle place fut donné à Châtillon d'Availles, parent de la Boulaye; et Henri, qui considérait Maillezais comme une position importante, y laissa le capitaine la Plenne et sa compagnie (2).

Vers ce temps, suivant les mémoires de la Ligue, des garnemens vivaient dans les environs de Maillezais, au milieu des marais. Ces hommes de rapine se jetaient sur les marchands et les voyageurs pour les livrer, suivant leurs caprices, au pillage ou à la mort : ils se retiraient ensuite dans leur asile impénétrable, pour y partager en paix les fruits de leurs victoires, les dépouilles enlevées (3).

Maillezais fut ensuite témoin d'un terrible massacre. Catherine de Médicis est à Niort; une

---

(1) *Mémoires de* SULLY, tom. I, p. 173, édit. in-8°.

(2) D'AUBIGNÉ, tom. II, p. 35.

(3) *Mémoires de* LA LIGUE, tom. II, p. 61.

trève est proclamée; mais les chefs huguenots furent si mécontens qu'elle songe à la rompre. Le moyen fut horrible. Catherine dit aux gens de son conseil qui semblaient hésiter : « Vray-
« ment, vous êtes bien ébahis sur ce remède; ne
« savez-vous autre chose; il n'y a qu'un point à
« cela. Vous avez à Maillezais le régiment de
« Neufvy et de Sorlu, huguenots; faites-moi
« partir de Niort le plus d'arquebusiers que vous
« pourrez, et allez-les moi tailler en pièces; et
« voilà aussitôt la tresve descriée et décousue,
« sans autrement se peiner (1). » Alors Lavardin ramassa les bandes du Poitou et les réunit aux garnisons de Niort et de Fontenay, pour marcher sous la conduite de Saint-Pompoint, qui lui fit traverser les marais de Saint-Sigismond. Ces hardis entrepreneurs ne furent aperçus qu'en arrivant dans le faubourg Saint-Nicolas. Les protestans furent si surpris, que le logis de Neufvy seul se mit sous les armes : Sorlu s'y trouvait; mais il tomba sur-le-champ sous les balles des ennemis. L'Estelle donna à la barricade où il

---

(1) Brantome, tom. II, p. 56, édit. in-12.

perdit un œil d'un coup de pique, mais bientôt les logis des réformés sont tournés; pressés de toutes parts, ils cèdent et laissent sur la place leurs blessés et leurs morts. La défaite cependant n'est pas complète encore. Deux compagnies sont à la porte de l'île; elles se retranchent dans une vieille masure, et par sa contenance hardie, l'une d'elles obtient une capitulation; l'autre, plus heureuse, gagne la rivière, se jette dans des bateaux et parvient à s'éloigner de la mort ou de la captivité qui venait la surprendre (1). Les prisonniers restés au pouvoir des catholiques furent conduits à Niort, à Catherine de Médicis, « laquelle usant en leur endroit de ses tours accoutumés de clémence, leur pardonne à tous, et les envoie avec leurs enseignes et drapeaux (2). »

Ce fut sans doute alors que les jours de la noble cathédrale se comptèrent; ce fut alors, sans doute, que poussés par la haine et la vengeance, les protestans se jetèrent sur elle pour lui faire, dans un jour de dévastation, expier sa longue

---

(1) D'Aubigné, tom. II, p. 24.
(2) Brantôme, tom. II, p. 57, édit. in-12.

gloire, ses grandeurs de tant de siècles. En effet, de Thou raconte qu'en 1587, la cathédrale était en ruine (1). Déjà des voûtes écroulées, des ornemens dévastés, dispersés, de riches boiseries dévorées par les flammes, des cendres amoncelées, des murs noircis par la fumée, des piliers pour qui la commotion fut si violente qu'ils ont tournoyé sur leur base. C'en est fait maintenant pour les moines de l'abbaye, les temps du deuil, des lointains pélerinages; les fils de Saint-Benoît, proscrits et chassés, sont éloignés pour toujours de cette noble église, de ces cloîtres qu'ils avaient choisis pour y rester.

Quand le duc de Joyeuse s'approcha pour s'emparer du Poitou, le roi de Navarre, effrayé par les forces imposantes qui venaient, balayant tout devant elles, rasa plusieurs plusieurs places, mais Maillezais fut conservé (2). Maillezais, l'œuvre de Sully, qui s'élevait, pour ainsi dire, impénétrable au milieu des marais qui l'entouraient au midi, au couchant et au nord. La position était forte; aussi fut-elle négligée par les soldats qui

---

(1) DE THOU.
(2) *Mémoires de* SULLY, tom. I, p. 173, édit. in-8º.

devaient veiller au haut de ses remparts. La Plenne est absent; sa compagnie n'est plus là (1). La garde qui reste est paresseuse; elle s'endort souvent, car elle se fie aux remparts qui l'entourent, aux fossés qui la défendent. Joyeuse, lui, veille toujours, il veut vaincre; aussi, va-t-il les surprendre, ces mauvais gardiens d'abbaye. Son jour est fixé; il part avec diligence, s'achemine avec le gouverneur du Poitou, Jean de Chourses, sieur de Malicorne. Cette place, qui était défendue par Châtillon d'Availles, fut battue par sept canons, et investie avec tant de soins, qu'il fut impossible de lui faire passer des secours. Saint-Pompoint, secondé par la connaissance des marais, par les gens du pays et par la sécheresse de cette année, put faire un logis derrière les assiégés. La résistance fut courte; quatre jours suffirent pour ébranler leur courage et les livrer à leur intrépide agresseur (2). A ce siége, Malicorne fut percé d'un grand coup d'arquebuse. Saint-Pompoint, sieur de Liniers, fut ensuite nommé gouverneur de la forteresse conquise; le

---

(1) D'Aubigné, tom. III, p. 43 et 44.
(2) *Mémoires de* LA LIGUE, tom. II, p. 65.

roi Henri III lui écrivit, pour lui témoigner sa reconnaissance à l'égard des services qu'il venait de rendre à la cause royale (1).

(1) *Mémoires du temps.*

CHAPITRE XIV.

Prise de Maillezais par d'Aubigné. — Il est nommé gouverneur. — Il refuse de marcher avec le roi de Navarre. — Il se décide enfin. — Le cardinal de Bourbon est conduit à Maillezais. — Le duc de Mayenne et la duchesse de Retz voudraient le délivrer. — Lettre de la duchesse de Retz à d'Aubigné. — Sa réponse. — Entreprise pour délivrer le prétendu Charles X. — Entretien du dauphin et de d'Aubigné sur les bords de la Sèvre. — Le cardinal de Bourbon est conduit à Fontenay. — Sa mort. — L'évêque de Maillezais. — Ses faveurs. — Des foires sont accordées à Maillezais. — D'Aubigné se rend à la cour. — Il en revient. — Ce que l'on dit de ce fier gentilhomme. — Il se déclare en faveur du duc de Rohan. — Le Doignon fortifié. — Parabelle vient le visiter. — D'Aubigné augmente les fortifications de Maillezais et du Doignon.

En 1589, au mois de janvier, Henri de Navarre, l'intrépide guerrier dont la vie presque toute entière fut destinée aux luttes et aux combats, prend la résolution de s'emparer de Maillezais. Fortifiée par les deux partis, cette place est imposante ; mais quelques soldats seulement veillent à sa défense. Avec eux une coulevrine bâtarde et d'autres petites pièces, de la poudre, des boulets, de la farine, mais point de bois pour la cuire ; de la glace partout dans les marais, dans les fossés de l'abbaye ; cette glace même est si forte, si épaisse, qu'elle semble elle aussi conspirer pour les drapeaux de la réforme. Déjà les canons sont arrivés tout proche des remparts, déjà le siége commence sous les ordres de Théodore Agrippa d'Aubigné, quand bientôt, frappé par les paroles de ce puissant chef, le gouverneur de Maillezais consent à se rendre ; car l'effroi qu'apporte le vent de Niort est si grand, qu'il aime mieux capituler sur-le-champ que d'attendre le roi (1).

Ce fut alors que d'Aubigné, le hardi capitaine, resta gouverneur de la cité conquise, au grand regret du roi de Navarre, qui fit tout pour le dégoûter de ce médiocre gouvernement. Mais le

---

(1) D'AUBIGNÉ, tom. III, p. 158. — *Mémoires de* LA LIGUE, tom. III, p. 127.

fils de la Saintonge est déjà fatigué; il a tant veillé, tant couru, tant de fois il a tiré l'épée, qu'il veut enfin se chercher un asile, et se délasser un peu de ces rudes épreuves, qui durent depuis vingt ans. En effet, depuis l'âge de quinze ans, il a toujours veillé, toujours chevauché; à peine est-il resté quatre jours de suite sans emploi, sans corvée, à peine est-il resté tranquille sur son lit de douleur, couché par des souffrances, couché par des blessures (1).

Maintenant que le fier gentilhomme a fixé sa demeure à l'ombre des tourelles et des hauts peupliers qui s'élèvent sur les rives de Maillezais, il refuse d'abord de marcher avec le roi, dont il suivit si longtemps les brillans étendards (2). Néanmoins il se décide encore, il reprend son épée, son cheval de bataille, et il va sur les bords de la Seine étaler aux yeux de tous sa vaillance et son zèle; mais bientôt il songe à la retraite qu'il a choisie, et il revient aux bords de ces marais paisibles qui excitèrent la surprise et l'admiration de Henri de Navarre. Malgré son départ, d'Aubigné

---

(1) *Mémoires de la Vie de d'Aubigné*, p. 129.

(2) *Mémoires de M*me* de MAINTENON, tom. I, p. 45.

conserva toujours la confiance de celui qu'il avait servi si longtemps (1). En effet, après la mort de Henri III, lorsqu'il fut question de ne plus laisser à Chinon le vieux cardinal de Bourbon, reconnu roi par la Ligue, lorsqu'on voulut le conduire dans un lieu plus sûr et le confier à quelqu'un d'une fidélité certaine, on songea à Maillezais, à d'Aubigné. Vainement Duplessis-Mornay voulut en empêcher, Henri lui répliqua : *La parole de d'Aubigné est un remède suffisant à l'encontre.* Alors tout fut fini, et le cardinal-roi fut conduit par la Boulaye et Parabère, pendant la nuit, sous les murs de la vieille abbaye (2).

Alors le duc de Mayenne, ce généralissime de la Ligue, s'agita pour briser les fers du pauvre roi qu'on vient d'emprisonner ; mais maintenant qu'il est là dans les mains de d'Aubigné, la délivrance est difficile ! Vainement plusieurs personnes, et entre autres un médecin de Poitiers, nommé Lommeau, se présentent à la porte de l'île ; les soldats qui veillent leur en refusent l'en-

---

(1) *Mémoires de* Mme *de* MAINTENON, tom. I, p. 44.
(2) *Biographie universelle*, tom. III, p. 13. — *Mémoires de* MORNAY, tom. II, p. 20 et 21.

trée, car ils persistent à regarder le cardinal de Bourbon comme le chef de la France. La duchesse de Retz, qui voudrait, elle aussi, délivrer le noble prisonnier, se hâta d'envoyer à d'Aubigné, par un gentilhomme italien, la lettre qui va suivre (1) :

« Monsieur, je vous prie de recevoir en bonne part par ce porteur les témoignages que M. le maréchal de Retz mon mari e moi nous pouvons vous rendre de l'amitié parfaite et du soin cordial avec lesquels nous pensons à votre élévation et au bien de nos cousins vos enfans. Montrez à ce coup que vous êtes sensible aux injures, puisque vous en avez trouvé l'occasion ; par laquelle je désire vous prouver que je suis votre affectionnée (2). »

Quand la lettre eut été lue, le gentilhomme italien offrit à d'Aubigné 200,000 écus comptans pour favoriser l'évasion du cardinal de Bourbon, ce prétendu Charles X. On lui offrit aussi, à son son choix, le gouvernement de Belle-Isle avec 50,000 écus. D'Aubigné répondit : « Ce dernier parti serait le meilleur pour manger en paix le

(1) D'Aubigné, tom. III, p. 216.
(2) *Mémoires de la Vie de d'Aubigné*, p. 143 et 144.

pain de mon infidélité ; mais ma conscience me suivrait partout, elle s'embarquerait avec moi quand je passerais à Belle-Isle, et m'y causerait un remords éternel. Retournez donc, gentilhomme, comme vous êtes venu ; et même, si je ne vous avais pas accordé un sauf-conduit, je vous enverrais, pieds et poings liés, au roi mon maître (1). »

Le comte de Brissac fit ensuite diverses tentatives pour délivrer le cardinal de Bourbon ; mais d'Aubigné était toujours là, et sa loyale activité, qui ne s'endormait jamais, s'opposait à toutes les entreprises (2). Deux fois elles furent renouvelées, deux fois elles échouèrent, car le chef de Maillezais les découvrit ou les rendit inutiles. Dans ces deux circonstances, il y eut des traîtres ; d'Aubigné les fit pendre (3).

Découragé par ces vaines tentatives, on résolut de faire assassiner l'incorruptible gouverneur par un capitaine, nommé Dauphin. Cet homme, qui exerçait de grands ravages dans les marais du Bas-Poitou, résolut, pour exécuter ses desseins,

---

(1) *Mémoires de la Vie de d'Aubigné*, p. 144.
(2) *Mémoires de* madame de MAINTENON, tom. I, p. 40.
(3) D'AUBIGNÉ, tom. III, p. 254.

de faire demander au gouverneur de Maillezais un entretien secret. Mais les avis se pressèrent de tous côtés pour avertir d'Aubigné; ils lui vinrent en même temps de Poitiers, de La Rochelle, et tous lui dirent : « Dauphin et Brissac agissent de concert pour s'emparer de vous ou vous faire assassiner. » N'importe, d'Aubigné, qui courut tant de fois sans crainte sur les champs de bataille au-devant de la mort, ne songe plus qu'à la braver encore ; il accepte les offres de Dauphin, et lui donne rendez-vous dans une cabane abandonnée sur les rives de la Sèvre. L'entrevue devait commencer avec les rayons du soleil : aussi, pour remplir sa promesse, d'Aubigné, sans crainte et sans peur, s'échappe pour ainsi dire ; derrière lui les ponts-levis se lèvent, et il s'en va, sans suite et sans garde, à des périls inconnus. Arrivé dans la cabane déserte, Dauphin s'y trouve, et le chef intrépide, qui va tomber seul dans le piége qu'on vient de lui tendre, dit alors à Dauphin : « Tu veux me tuer, dit-on ; j'ai refusé de le croire ; cependant, pour accomplir ce funeste dessein, voici deux poignards ; tu peux choisir, afin que tu puisses, avec armes pareilles, parachever ton entreprise. Voilà de plus, continua-t-il, un bateau, il est là près de toi pour sauver au-delà des marais tes armes et ta fortune. » Vaincu par ces paroles prononcées avec tant de calme, le capitaine Dauphin jeta aux pieds de d'Aubigné son arme meurtrière, en jurant qu'il n'avait jamais résolu d'attenter à ses jours (1).

Le cardinal de Bourbon ne resta pas longtemps à Maillezais; il fut de là conduit dans les prisons de Fontenay, pour y mourir de la gravelle, le 9 mai 1590 (2). On enterra son cœur et ses entrailles dans l'église de Saint-Nicolas; et dans le sanctuaire, aujourd'hui renversé, on grava :

Obiit piissimus princeps nono Maii (3).

En 1595, l'évêque de Maillezais, qui préférait sans doute à son diocèse, dévasté par les combats, les grands et le faste des cours, fut reçu chevalier du Saint-Esprit dans l'église des Augustins de Paris (4). Cette faveur lui était due

(1) *Mémoires de la Vie de d'Aubigné*, p. 145 et 146. — DULAURE, *Description du Poitou*, p. 34 et 57 à 59.
(2) *Biographie universelle*, tom. V, p. 348.
(3) THIBAUDEAU, tom. IV, p. 75 de l'édition in-12.
(4) *Palma Cayet*, tom. XLII de PETITOT, p. 2.

par Henri, qu'il avait toujours assisté, toujours accompagné dans les solennelles occasions de sa vie extraordinaire. En effet, l'évêque de Maillezais, lors de la conversion de Henri dans l'église de Saint-Denis, se trouvait à l'entrée de la somptueuse basilique, pour se presser dans la foule au milieu de ces hauts prélats, si fiers du nouveau converti qu'ils conduisaient avec tant de pompe dans le sein de leur église (1); ensuite il avait été à Chartres acteur et témoin dans la cérémonie du sacre. En effet, à la fin de la grande cérémonie, quand le chancelier de France messire Hurault, comte de Cheverny, s'était mis à l'autel pour appeler à haute voix tous les pairs selon leur dignité et leur ordre, on avait entendu : Monsieur l'évêque de Nantes, qui servez pour l'évêque comte de Laon, présentez-vous; monsieur l'évêque de Maillezais, qui servez pour l'évêque comte de Beauvais, présentez-vous (2).

En 1591, Henri IV établit des foires à Maillezais, parce que, dit-il dans ses lettres de création, le pays est commode et fertile en tous biens;

---

(1) *Mémoires de* L'ÉTOILE, tom. I, p. 392.

(2) *Palma Cayet*, tom. XLII de PETITOT, p. 144 et suiv.

et puis il ajoute : « la contrée n'est pas tranquille encore, il existe toujours des troubles et des divisions qui empêchent aux habitans d'aller en paix chercher ce dont ils ont besoin aux foires de La Rochelle, de Fontenay et de Niort. En conséquence, les marchands pourront venir quatre fois par an étaler leurs denrées sous les halles de Maillezais. »

D'Aubigné ne restait pas toujours enseveli dans son gouvernement de Maillezais; il allait de temps en temps visiter ce Henri, pour qui son courage avait prodigué si souvent sa fortune et sa vie. Une fois à la cour, le hardi capitaine faisait retentir comme au milieu des camps de poignantes railleries, d'amères prédictions ; aussi les grands le détestaient et s'écriaient : « Les paroles de d'Aubigné le prophète sont inspirées par un mauvais génie, par son sourd-muet, ce démon familier, dont le regard est affreux et le visage livide (1). » Alors poursuivi, maudit, d'Aubigné

(1) Ce muet était un jeune homme, si tant est qu'on puisse lui donner ce nom, car les plus doctes ont jugé, après l'avoir pratiqué, que c'était un démon incarné. Il était né sourd et muet, et il s'était fait une habitude de s'expliquer par les doigts et les gestes d'une

rentrait dans la forteresse de Maillezais pour transmettre à la postérité les combats qu'avait vus sa jeunesse. C'est là qu'il écrivit ses livres et son histoire, où l'on retrouve tout entière la belliqueuse époque qu'il dépeint avec tant de verve, d'esprit et de mauvais vouloir peut-être.

Cette terre du Poitou qu'il avait adoptée, qu'il avait tant de fois parcourue les armes à la main, elle qui fut aussi, sur les rives de Murçay, son asile et son refuge; elle qui fut témoin de ses chères amours, il faillit la laisser alors, car le duc de la Trémouille, le seigneur puissant et fort n'est plus de ce monde, et ceux qui vivent encore ont oublié, dans un jour de surprise, leur indépendance et leur opposition.

---

manière fort intelligible. Il demeura quelque temps avec moi, tout le monde le venait voir par admiration à cause de son art de divination, qui lui faisait découvrir les choses les plus cachées, et retrouver celles qu'on avait perdues. De plus, il disait, à ceux qui le lui demandaient, les généalogies, les métiers de leurs pères, aïeuls et bisaïeuls, leurs mariages et le nombre des enfans qu'ils avaient eus. Il pénétrait les plus secrètes pensées de ceux qui l'interrogeaient; enfin il prédisait l'avenir. Ce furent les ministres les plus estimés de la province qui m'en donnèrent connaissance, et l'envie en même temps de l'avoir près de moi. (*Vie de d'Aubigné*, p. 180 et 181.)

Pour d'Aubigné le vaisseau du départ s'apprête, ses coffres sont chargés; le fils adoptif de nos contrées va partir pour toujours; mais un courrier vient lui dire : Vous pouvez rester encore. Et il resta, pour revoir son vieux maître, et porter aux grands assemblés de son ordre les idées qu'il avait acquises au souffle de l'étude et du temps(1).

Après la mort de son roi et de son ami, d'Aubigné fut libre envers la royauté; aussi, en 1611, ce fier gentilhomme se déclare en faveur du duc de Rohan; il le fait sans remords, car il est haï de la cour pour avoir fait son devoir à l'assemblée de Saumur. Alors pour la garnison de Maillezais plus de subside, pour lui plus de pension. Les 7,000 livres que le feu roi lui donnait comme un bon souvenir, on les lui prend, parce qu'il n'a pas voulu trahir son parti et recevoir les bienfaits de la reine. Réduit à la nécessité, d'Aubigné va chercher sur la rivière de la Sèvre les vivres qui lui manquent (2). A cette nouvelle, la cour irritée menace de sa vengeance l'audacieux gentilhomme qu'elle a dépouillé, et qui sait néan-

---

(1) *Mémoires* de d'Aubigné, p. 140.
(2) Massiou, 3ᵉ période, tom. II, p. 241.

moins vivre libre au fond de ses marais. Ce fut là, dans ses courses aventureuses, que le rocher du Doignon lui révéla tout-à-coup de hautes destinées. Alors son activité redouble ; il commence des remparts, il creuse des fossés, des bastions s'élèvent, un donjon s'arrondit, car il veut à tout prix défendre son audace et sa fière résolution (1).

Quand la nouvelle s'en fut répandue, Parabelle vient bientôt, par ordre de la reine, visiter les fortifications qui se construisent au milieu des roseaux qui croissent dans des ondes sauvages.

Pour cette fois, d'Aubigné reçut de son mieux le curieux visiteur ; mais l'année suivante, quand le même Parabelle voulut voir les nouvelles fortifications qui s'élèvent, le gouverneur de Maillezais, le chef du Doignon, qui n'est point disposé à souffrir l'examen qu'on voudrait faire, se contente de répondre : « La besogne n'en vaut pas la peine, et je reste tranquille (2). »

Sommé par ses co-réligionnaires de prendre part à de nouvelles querelles, d'Aubigné leur dit : « Nous voulons bien mettre sur nos épaules le

---

(1) *Manuscrits de* FONTENEAU. — *Mémoires de* MAINTENON, p. 64.

(2) *Mémoires de* d'AUBIGNÉ, p. 172.

fardeau de votre guerre; délivrez-nous de celui de votre paix. » En effet, ils traitèrent bientôt, et finirent par une amnistie, dont lui seul fut excepté. Alors, persuadé que les temps de l'indépendance vont finir, d'Aubigné veut néanmoins prolonger la lutte et repousser les dangers qui s'approchent, en conséquence, il ajoute des fortifications à celles du passé : Maillezais, le Doignon, qui le rendent maître absolu de tout ce qui se passe sur les eaux de la Sèvre, sont soignés, réparés (1); car c'est à l'aide de ces remparts renommés qu'il veut maintenir son indépendance, sauver sa liberté.

(1) *Mémoires de* D'AUBIGNÉ, p. 172 et 173.

CHAPITRE XV.

—

Sully se rend à Maillezais. — Traité de Loudun. — Le duc d'Épernon. — Constant d'Aubigné vient à Maillezais. — Agrippa est obligé de l'en chasser. — Constant se retire à Niort. — D'Aubigné veut laisser ses deux places. — Lettre de Villeroy. — Réponse de d'Aubigné. Le président Jeannin. — Le maréchal-de-camp de Vignolles. — Le conseil du roi dépêche deux ministres des requêtes pour traiter avec d'Aubigné. — Il vend ses deux places. — Constant veut revenir à Maillezais. — Il est repoussé. — Départ de d'Aubigné. — Sa mort.

En 1615, une nouvelle guerre se prépare. Le prince de Condé, qui reconnaît l'influence de d'Aubigné, le choisit pour son maréchal de camp (1); mais le chef de Maillezais n'accepta ce

(1) MASSIOU, 3ᵉ période, tom. II, p. 242.

nouveau titre qu'au nom des églises qui représentaient à Nismes son parti tout entier. Quand les réformés prirent les armes, le duc de Sully, gouverneur du Poitou, promit à la reine que les guerriers de sa province toujours belliqueuse, mais alors fatiguée, ne songeraient pas à reprendre les armes. Pour obtenir les résultats qu'il venait de promettre, Sully se rendit à Maillezais pour dire à d'Aubigné : « Restez en paix; faites-le de bonne grâce, ou les seigneurs du Poitou sauront bien vous empêcher de reprendre les armes. » D'Aubigné lui répondit : « Dans le nombre de vos seigneurs, vous avez omis un homme, qui demain vous dira ma réponse. » Au point du jour, cet homme battait au champ : c'étoit le premier tambour du régiment de Constant d'Aubigné, qui partait pour seconder les braves qui n'avaient pas craint de lever une fois encore le drapeau de l'insurrection : quelques heures après, la garnison de Maillezais s'emparait de Moureilles (1).

Bientôt le traité de Loudun vint enchaîner la

---

(1) *Mémoires de* D'AUBIGNÉ, p. 174.

valeur de tous. Dans cette déplorable affaire le prince de Condé, qui nommait d'Aubigné son père, eut l'insigne mauvaise foi de lui dire : « Maintenant, retournez au Doignon. » Ce fut là que, quelque temps après, deux gentilshommes vinrent apporter, de la part du duc d'Epernon, la nouvelle de la première prise de La Rochelle (1). Ce fut là que ces deux hommes, restés à dîner, annoncèrent à leur généreux convive que d'Epernon avait déclaré en présence de 500 gentilshommes que s'il ne trouvait pas le moyen de le faire tuer, il se réduirait à le provoquer en duel, pour lui faire éprouver une des bonnes épées de France. A ces mots, d'Aubigné sentit couler dans ses veines la force de sa jeunesse; aussi, malgré les ans qui commençaient à peser sur sa tête, il n'hésita pas à répondre : « Je connais les prérogatives des ducs et pairs de France; je sais, de plus, le respect que je dois au colonel-général de l'infanterie française; mais s'il veut absolument mesurer sa bonne épée, je dois obéir. Autrefois il m'en a montré une, sur la garde et

---

(1) *Mémoires de la vie de* D'AUBIGNÉ, p. 176.

poignée de laquelle il y avait pour vingt mille écus de diamans : qu'il l'apporte, j'en fais plus de cas que d'une autre (1). »

Ce fut dans la forteresse du Doignon, témoin de ces paroles audacieuses, que d'Aubigné fit imprimer, en 1616, le premier volume de son *Histoire universelle* (2). Ce qui prouve aujourd'hui la vérité de cette assertion, c'est que souvent des caractères d'imprimerie ont été trouvés dans les ruines de la forteresse, maintenant disparue presque en entier.

Vers ces temps Constant d'Aubigné, l'indigne fils du célèbre Agrippa, s'en vint en Poitou; ce n'était pas pour visiter son père, ce n'était pas pour apprendre à son école les traditions du courage et de la loyauté, mais pour le dépouiller. Le vieux commandant, qui ne pouvait soupçonner les perfidies de son fils, le choisit pour son lieutenant à Maillezais avec le pouvoir de commander comme bon lui semblerait. Quant à lui, qui croyait laisser en main sûre l'une de ses positions, il résolut de se retirer au Doignon. Bientôt

---

(1) *Mémoires de* D'AUBIGNÉ, p. 176 et 177.
(2) *Mémoires de* Mme *de* MAINTENON, tom. I, p. 71.

Agrippa fut profondément puni de la résolution qu'il vient de prendre ; car Maillezais n'est plus qu'un brelan public : ce sont, dans les souterrains de la vaste abbaye, d'infâmes ouvriers, guidés par son malheureux fils. Que font-ils, dans les entrailles de la terre, de ces métaux divers, d'un immense soufflet, de ces charbons embrâsés qui scintillent ; que font-ils ces hommes si sombres, noircis par la fumée, noircis par la poussière ? ils mettent ensemble de vils métaux, un peu d'or et d'argent pour les monnaies menteuses qui doivent payer leurs débauches (1).

Pendant ce temps, le célèbre Agrippa se repose dans les murs du Doignon ; il rêve au passé, à sa gloire, à sa noble existence ; il rêve et s'endort au bruit de ondes, qui s'agitent dans leur lit de roseaux ; il rêve peut-être à ses premiers succès dans l'étude, à ces rabbins qu'il savait expliquer dès l'âge de treize ans ; à Virgile, à Platon, dont il aimait à parcourir les pages éloquentes. Le réveil fut amer ; instruit de la conduite de son fils, Agrippa se ranime à sa vieille activité pour

---

(1) *Mémoires de* D'AUBIGNÉ, p. 214.

ne songer qu'à ses armes, à ses compagnons de guerre ; il leur donne en toute hâte des échelles, des pétards, un grand bateau, et leur dit : « Partons encore ; allons comme autrefois aux luttes, aux périls. » La nuit est noire ; n'importe, il reconnaît les murailles de Maillezais ; seul et travesti, il arrive à la citadelle, il y touche, un soldat l'aperçoit ; mais d'Aubigné se précipite, le saisit et lui montre un poignard, qui le rend au silence. La porte ouverte, Agrippa pénètre avec les siens dans la citadelle surprise ; les traîtres sont chassés : Constant s'en fuit, et d'Aubigné est maître encore (1). C'est bien là l'homme héroïque et fort qui s'échappe à quinze ans, et s'enfuit, en chemise et pieds nus, pour se joindre à ses amis, qui veulent se mêler aux combats qui grondent de toutes parts sur le sol de la France (2).

En 1617, d'Aubigné, fatigué des luttes inutiles en faveur de son parti, d'ailleurs dégoûté par le peu de cas que l'on fait de ses avis, se rendit à La Rochelle avant la séparation de son assemblée,

---

(1) *Mémoires de* D'AUBIGNÉ, p. 240.
(2) *Ibid.*, p. 18.

pour obtenir la permission de laisser ses emplois, et de transmettre à d'autres la garde de Maillezais et du Doignon ; il demanda des mains fidèles et courageuses pour empêcher au duc d'Epernon et à l'évêque de Maillezais, qui voulaient ces deux places, de pouvoir les obtenir. Les députés rassemblés à La Rochelle furent en partie favorables à d'Aubigné ; mais l'avocat choisi pour défendre sa cause se laissa séduire, et conclut à la destruction des deux places, que d'Aubigné chérissait comme un asile sacré. A cette nouvelle, il dut être profondément ému, il dut être indigné, car à cette occasion bien des hommes triomphèrent, et Villeroy écrivit au possesseur de Maillezais :

« Que dites-vous de vos bons amis, pour lesquels vous avez perdu une pension de 7,000 livres et refusé une augmentation de cinq autres, que la reine voulait ajouter ; sans compter la malveillance du roi, que vous avez encourue pour l'amour d'eux ? Ces messieurs nous sollicitent à toute outrance de faire raser votre maison sous votre moustache ; je ne change rien au terme de ces beaux amis. Si c'était à vous à faire réponse à une telle demande, comment la feriez-vous ? j'en demande votre avis (1). »

D'Aubigné répondit : « Si vous agréez que je vous serve de commis pour répondre à la requête des Rochelais, j'y mettrai au bas : Soit fait ainsi qu'il est requis, au dépens de qui il appartiendra (2). »

Villeroy ayant apporté au conseil cette courte dépêche, le président Jeannin dit en jurant : « D'Aubigné ne craint ni le roi ni les Rochelais. » Tant d'énergie fit donner sur-le-champ au maréchal de camp Vignolles l'ordre d'aller examiner les places qui pouvaient inspirer tant d'audace à un simple gentilhomme. D'Aubigné reçut cette visite avec calme, comme un homme habitué aux douleurs les plus amères et que rien ne doit plus surprendre. Vignolles ayant été autrefois son élève et son ami, il le laisse parcourir en liberté ses tours et ses donjons, qui lui donnèrent tant de crainte, qu'il s'empressa d'écrire à la cour : « La Rochelle ne peut être assiégée tant que la rivière de la Sèvre sera asservie par le Doignon.

(1) *Mémoires de la Vie de d'Aubigné*, p. 184.
(2) *Ibid.*, p. 185.

Maillezais exige un bon siége; et le Doignon coûtera plus à être assiégé que La Rochelle à être prise (1). »

Sur ce rapport, le conseil dépêcha en Poitou deux ministres des requêtes pour traiter de la récompense de ces deux places. Pour ces négociations il fallut deux années, au bout desquelles le duc d'Epernon fit offrir par le marquis de Brezé 200,000 livres (2). Cependant d'Aubigné, l'inébranlable protestant, hésite encore; à tant d'or il préfère ses deux places : « Qu'elles restent encore dans les mains des réformés; et puissent les gens du roi ne venir jamais dans l'asile de l'indépendance s'y pavaner et y rire. » Mais enfin, quand il faut en finir et laisser les forteresses, qui lui sont si chères, il les donne, mais au duc de Rohan, à cet homme de son parti, qui lutte et qui combat encore. Le sacrifice dut être bien pesant pour d'Aubigné, qui toute sa vie avait été fidèle aux paroles de son père, qui lui avait dit, en parlant des conjurés d'Amboise : « Mon enfant, il ne faut point épargner ta tête après la

(1) *Mémoires de* D'AUBIGNÉ, p. 180.
(2) *Mémoires de* MAINTENON, tom. 1, p. 70.

mienne pour venger ces chefs pleins d'honneur dont tu viens de voir les têtes; si tu t'y épargnes, tu auras ma malédiction (1). »

Après avoir vendu ses deux places la somme de 100,000 livres seulement, payable moitié en remettant les clefs, et l'autre à une époque convenue, Agrippa resta quelque temps encore abrité sous les murs du Doignon, à l'ombre de ces tours qui vont changer de maître; il y resta, car les douleurs de son âme ulcérée n'étaient pas à leur terme; il devait souffrir encore sur la terre du Poitou.

En effet, au milieu de ces vastes marais, dont il aime à regarder pour la dernière fois les arbres et les roseaux, d'Aubigné tombe malade; et quand la fièvre agite tous ses membres, un capitaine vient lui dire : « Votre fils est en armes. Par terre, quatre-vingts soldats le suivent; une autre bande arrive par les eaux de la Sèvre, et cette nuit nous les verrons aux pieds de vos remparts, qu'ils ont résolu de surprendre. » A ces mots, le vieillard du Doignon s'élance de son lit, appelle

---

(1) *Mémoires de la Vie de d'Aubigné*, p. 186.

des soldats, les réunit, et, seul à leur tête sans officiers, il veut les conduire au passage que son fils ne saurait éviter. Mais tant d'émotion ayant augmenté sa fièvre, son gendre se jette à ses pieds pour le faire renoncer à une entreprise qui le conduit contre son fils un poignard à la main. Néanmoins les soldats marchent à la rencontre de celui qui voulait les surprendre, Constant fut vaincu par eux, et les prisonniers qu'on lui fit furent remis au duc de Rohan (1).

Maintenant, voyageur attardé dans les remparts construits par sa puissance, d'Aubigné n'est plus rien que leur hôte ; il va partir aussi pour ne plus les revoir, ces murs qui si longtemps furent témoins de ses fatigues, de ses veilles et de ses études ; il les laisse, après tant d'années, pour rentrer dans la simple vie des hommes (2) ; car les temps sont changés : plus de puissans seigneurs, d'indépendance féodale ; aussi par ces guerriers qui déposent les armes, par ces donjons qui se vendent ou se laissent, c'est un monde qui finit, c'est un autre qui commence.

(1) *Mémoires de la Vie de d'Aubigné*, p. 217.
(2) MASSIOU, 3ᵉ période, tom. II, p. 245.

En partant de Maillezais, d'Aubigné se rendit à Saint-Jean-d'Angély ; mais bientôt, obligé de s'enfuir, il fut à Genève demander un asile et quelques pieds de terre pour y reposer bien loin de son pays, qu'il avait illustré par son courage, son esprit et ses veilles. Quand il ne resta du malheureux proscrit qu'un cadavre inanimé, on grava sur sa tombe l'épitaphe qu'il avait composée lui-même (1) :

> Cy gît le fameux d'Aubigné ;
> Plains-le, passant, s'il est damné,
> Car pour son Dieu et son parti,
> Il quitta tout, et fut proscrit,
> Ainsi que lui-même l'écrit,
> Pour s'en venir mourir ici (2).

(1) *Biographie universelle.*
(2) *Mémoires de* d'AUBIGNÉ, p .222.

CHAPITRE XVI.

—

Maillezais se met sous la puissance de Louis XIII. — Priviléges accordés à ses habitans. — Plaintes élevées contre les fortifications de Maillezais par les habitans de Niort. — Henri d'Escoubleau. — Son esprit. — Galanteries des Sourdis. — Henri de Béthune. — Il réside à Maillezais. — Dosly. — La chronique de Saint-Maixent. — Urbin VIII veut transférer à Fontenay l'évêché de Maillezais. — Décisions prises par le pape. — Henri de Béthune reste toujours. — Desséchement des marais. — Ordonnance pour que l'évêché soit transféré à La Rochelle. — Des obstacles s'élèvent. — Raoul de la Gibougère. — Ordonnances de Louis XIV. — L'affaire est portée au parlement de Paris. — Quelques hommes prennent la défense de Maillezais. — Les religieux de la congrégation de Saint-Mauro se réunissent à eux. — La bulle de sécularisation est fulminée. — Quelques moines restent à Maillezais. — Etat de la cathédrale. — Aumônes faites par les fermiers de l'abbaye. — La cathédrale devient une carrière. — On y découvre plusieurs tombeaux.

Le 27 mai 1621, la ville de Maillezais se remet à l'obéissance du roi; aussi Louis XIII accorda à ses habitans et à ceux de Maillé de grands privilèges ; ils furent libres de ne pas loger de troupes et de refuser aux gens du roi le blé, le vin, le bétail, le foin, les volailles, qu'ils pourraient demander. Il fut même permis à l'évêque de faire mettre et apposer aux lieux les plus apparens de ses maisons et de ses îles les armoiries du roi (1). Les habitans eurent la permission de prendre les armes, à leur volonté, et de veiller eux-mêmes à la défense de leur île (2).

La même année, le maire, les échevins et les pairs de Niort se plaignent des fortifications de Maillezais ; ils dirent qu'elles étaient funestes à la liberté publique, au commerce, à la navigation de la Sèvre : alors ils se réunirent pour formuler leurs plaintes et décider que René Moine et Pierre Racapé seraient envoyés à Louis XIII pour traiter avec lui de la destruction des remparts qui les inquiètent et les tourmentent (3).

Henri de Sourdis n'était plus ; cet évêque, mort à Paris en 1615, fut remplacé par Henri d'Es-

(1) Ordonnances de Louis XIII.
(2) *Manuscrits de* Prezeau.
(3) *Manuscrits de* Fontereau.

coubleau, son neveu. Il y eut dans la vie de ce prélat deux carrières, celle des armes et celle de l'église : il les parcourut, en les mêlant souvent ensemble selon l'esprit de ces temps passionnés, orageux (1). Cet évêque, qui fut abbé de Mauléon, d'Airvault, de Royaumont, fut consacré par son frère le cardinal de Sourdis, le 19 mars 1623. Ce fut à cet évêque que madame de Sourdis dit à l'heure de sa mort : « Vous êtes le fils du chancelier de Chiverny; je vous ai fait obtenir l'évêché de Maillezais et plusieurs autres bénéfices; aussi je vous prie de vous contenter d'un diamant, sans rien demander autre chose. » Il lui répondit : « Ma mère, je n'avais jamais voulu croire que vous ne valiez rien, mais je crois qu'il est vrai. » Il eut néanmoins 50,000 écus c.. légitime, comme les autres, car il gagna son procès (2). Henri d'Escoubleau était rempli d'esprit, il parlait avec beaucoup de charmes : il était brave, il connaissait bien peu le métier de la guerre, mais il savait gagner les cœurs, et quelquefois celui des femmes; en effet, les deux évêques de Sour-

---

(1) *Biographie universelle* au mot *Sourdis*.
(2) TALLEMANT DES RÉAUX, tom. II, p. 120 et 121.

dis les aimèrent, et tous deux, malgré leurs mîtres et leurs crosses, se livrèrent à de douces faiblesses. Aussi madame du Tillet dit un jour à madame de Sourdis : Madame ma mère, que ne faites-vous l'amour avec l'évêque de Maillezais, votre beau-frère. Jésus! mademoiselle, que dites-vous, lui répondit madame de Sourdis. Ce que je vous dis, reprit-elle, il n'est pas bon de laisser sortir l'argent de sa famille; votre belle-mère en usait ainsi avec son beau-frère qui était tout de même évêque de Maillezais (1).

En 1623, l'évêque de Maillezais donne un décret pour la fondation des Frères Prêcheurs, à la Châtaigneraye, à la condition que le prieur du couvent enverra, tous les ans, deux religieux avec un cierge de deux livres (2). Henri d'Escoubleau fait ensuite une ordonnance pour le rétablissement de l'ordre dans l'abbaye de la Trinité de Mauléon, et pour la réparation de l'édifice : cette ordonnance fut adressée à son frère, le cardinal de Sourdis, abbé de Mauléon. Quand Henri lui eût succédé, en qualité d'abbé, il

---

(1) TALLEMANT DES RÉAUX, tom. II, p. 113.
(2) *Manuscrits de* PREZEAU.

oublia d'exécuter les ordres qu'il avait donnés comme évêque (1).

En 1628, quand le dernier rempart des religionnaires eût été renversé, quand la ville de La Rochelle, soumise et captive, tomba sous un maître, ce fut l'évêque de Maillezais qui reçut le roi à la porte de l'église, où il venait rendre grâces à Dieu de la victoire qu'il avait remportée sur la liberté (2).

Henri de Béthune fut fait évêque le 22 mars 1629, et inauguré, à Paris, chez les Feuillans de la rue Saint-Honoré, le jour des Rois 1631, par François de Gondi, archevêque de Paris (3). Henri de Béthune ne ressembla point à ses fiers prédécesseurs. Le siége de son évêché est en ruines, la triste cathédrale s'écroule de tous côtés; le pays devient désert; le monastère est mutilé, à peine s'il peut abriter les moines qui veulent y rester encore. Le prélat, fidèle à la mission qu'il vient de prendre, ne se rend pas moins à son église qu'il ne veut plus laisser; il se plaît,

---

(1) *Manuscrits de* FONTENEAU.
(2) ARCÈRE, tom. II, p. 325.
(3) *Nova Gallia christiana*, tom. II, col. 1077.

sans doute, à contempler ces murs qui s'écroulent, ces souvenirs qui s'effacent, ces travaux de l'homme qui passent si vite, et ne durent souvent qu'un jour; il veut les revoir toujours pour qu'ils lui rappellent peut-être le néant, les vanités de ce monde.

Ce fut vers ce temps que le célèbre Besly, le savant érudit, qui compulse et qui cherche, rencontra dans les ruines de l'abbaye la chronique, si connue sous le nom de Chronique de Maillezais (1). Ce fut lui qui, le premier, la fit surgir au monde sous une dénomination qui n'était pas la sienne. En effet, la chronique, dite de Maillezais, fut écrite par l'un des abbés de Saint-Maixent, et ne se trouva dans le cloître de Saint-Pierre que par les soins de ses moines qui, protecteurs des sciences et des vieilles histoires, se plaisaient à les copier pour léguer à leurs frères les trésors du savoir et de l'intelligence (2).

---

(1) *Recherches sur les Chroniques de Saint-Maixent*, par M. DE LA FONTENELLE, p. 4 et suiv.

(2) Il paraît que Besly, père, ne fit que copier ce document écrit sur parchemin, et qui était sans doute une copie, faite avec soin, de l'original demeuré probablement à Saint-Maixent, où il se sera perdu;

L'évêché de Maillezais ne pouvait plus exister longtemps ; comment faire aux jours des solennités avec une cathédrale dévastée? Aussi, quand le pape Urbain VIII ordonne, en 1631, de transporter ailleurs le siége des évêques, on songe à Fontenay, à son église de Notre-Dame, pour l'ériger en cathédrale, et l'on cherche une maison convenable pour y recevoir l'évêque et son chapitre. C'est alors que la vieille demeure des fils de Saint-Benoît fut sacrifiée; c'est alors que, pour enlever de pieux cénobites à leur antique monastère,

mais comme Besly, fils, à la mort de son père, voulut publier l'histoire des comtes du Poitou, il prit à Maillezais le manuscrit dont il s'agit, et il en fit don à Jacques Dupuy, qui lui avait été d'un si grand secours pour la publication de l'ouvrage de son père, ainsi qu'il le mentionne, du reste, dans la dédicace qu'il en fit à ce savant. A la mort de celui-ci, le manuscrit de la chronique de Saint-Maixent passa dans la bibliothèque du savant de Thou. Ce fut à cet érudit que le père Labbe l'emprunta, pour la faire imprimer en partie, en 1657, dans le deuxième volume de sa *Nova Bibliotheca Manuscriptorum*. Dom Martene l'a ensuite insérée dans le quatrième volume de son *Amplissima Collectio veterum Scriptorum et Monumentorum historicorum*. Labbe reconnut aisément que cette chronique était celle du monastère de Saint-Maixent, et qu'elle ne s'était trouvée que par accident dans l'abbaye de Maillezais. (*Recherches sur les Chroniques de Saint-Maixent*, par M. DE LA FONTENELLE, p. 5.)

on leur fit de singuliers reproches. On leur dit : Vous ne craignez pas d'enfreindre les préceptes du grand saint Benoît, vous avez des terres, des prés, de riches possessions, et lui, par ses lois, il veut que tout soit le partage de tous (1).

Vous, moines de Maillezais, vous avez des revenus, les fruits de vos offices, pour en disposer à votre gré, et puis vous êtes endurcis dans le mal. Accoutumés à toutes ces choses par vos prédécesseurs, il n'est plus d'espoir de vous voir revenir dans la voie de votre chef; mais en suivant le départ de l'évêché, vous serez pauvres, vous suivrez, dans toute sa rigueur, l'observance monastique, vous ne songerez plus qu'au salut de l'église, qu'à sa gloire. Vous ne serez plus enfermés dans les murs d'un cloître, vous irez, avec les hommes du siècle, vous mêler à leurs douleurs; vous pourrez les édifier, les servir. Le nombre des ministres ecclésiastiques est trop petit, les revenus trop faibles; le prieur, le sous-prieur, le sacriste, l'aumônier et l'infirmier, recevront un peu moins. Il y aura vingt chanoines,

---

(1) *Bulle de Sécularisation*, p. 5 et 6.

avec de bonnes prébendes, de larges revenus; c'est ainsi qu'on doit les pourvoir avec soin, afin que des hommes, remarquables par leur savoir et leur doctrine, désirent arriver au canonicat, aux dignités de la nouvelle église. Ensuite les moines de Maillezais, quand ils verront que le changement qu'on leur propose les empêche de transgresser, comme ils le font, les préceptes de saint Benoît, ils seront les premiers à vouloir obéir à nos ordres. Pour prix de leur consentement au changement proposé, Henri de Béthune, l'archiprêtre d'Ardin, et toutes les personnes de l'abbaye de Maillezais, furent délivrés des interdictions, en un mot de toutes les peines qui pouvaient peser sur eux (1).

Ensuite le pape Urbain dit à l'évêque de Poitiers : « Quand nos lettres auront été suivies de leur exécution, quand vous aurez accompli la sécularisation qui doit être faite de l'église de Maillezais, de son couvent, de ses offices et de la personne de ses moines, vous y supprimerez l'ordre de Saint-Benoît. Sa position regulière de-

---

(1) *Bulle de Sécularisation de l'évêché de Maillezais*, p. 9.

viendra séculière. Les moines qui ont obtenu des offices claustraux, des portions monacales, des prieurés, des bénéfices qui en dépendent, et les autres ministres réguliers de l'église de Maillezais, qui suivent l'ordre de Saint-Benoît, sont libres de toutes ses observances, de toutes ses institutions. Tous les vœux leur sont remis, excepté ceux de chasteté. Pour eux, plus de règle, de statuts, de coutume; ils peuvent déposer l'habit des religieux, ils ne sont plus obligés de rester enfermés et reclus, de suivre les constitutions, les rites, les mœurs des fils de Saint-Benoît; ils ne sont plus obligés d'en porter les habits, d'en observer les jeûnes, la manière de vivre. Mais pour les vêtemens, la tonsure, les mœurs et la célébration du service divin, qu'ils se conforment aux autres ecclésiastiques : ils doivent le faire sous peine d'apostasie, des châtimens les plus sévères, sous peine d'être frappés d'infamie. Pour tout le reste, ils font partie du siècle; qu'on les regarde comme tels (1). »

(1) *De cætero seculares sint, et pro talibus habeantur et reputentur. Bulle de Sécularisation*, p. 11.

Le pape voulut que l'évêque de Maillezais, en allant siéger à Fontenay, y gardât les anciens priviléges dont il jouissait dans son antique abbaye ; il voulut que le chapitre et les chanoines de l'église sécularisée conservassent dans leur autre cité les libertés, les immunités, les exemptions, les prérogatives, les juridictions, les prééminences, les concessions, les grâces spirituelles et corporelles qui avaient été jadis accordées à l'église de Maillezais, à son couvent, à ses moines réguliers, par les papes, les rois, les princes et les ducs. Leurs antiques possessions furent déclarées intactes (1). Les moines seuls avaient à se plaindre, ils étaient proscrits ; ils voyaient disparaître les offices de leur abbaye, plus de sacriste, de prieur, de sous-prieur ; plus d'infirmier, d'aumônier ; plus de pièces nouvelles à placer au trésor ; on veut terminer en un jour les pages de leur histoire.

Cependant la bulle de sécularisation ayant éprouvé des obstacles, la mourante abbaye, pour quelques jours encore, se reprit à la vie ; mais sa fragile existence, battue par tant d'orages, se

(1) *Bulle de Sécularisation*, p. 20.

remue et s'agite vainement au soleil qui se lève, au soleil qui se couche; ses membres palpitans s'inclinent vers la terre, ses flancs sont lézardés; on voit qu'elle va mourir.

Tout la laisse, en effet, les reliques de saint Venant, les grandeurs et la foule (1); tout lui manque, les religieux, les novices; déjà même les hommes du siècle se sont jetés sur elle, ils ont partagé ses dépouilles, ils ont eu ses offices (2) : n'importe, Henri de Béthune ne partira pas. Fidèle à son église menacée, il reste au milieu d'elle, son séjour le plus cher; car il en est qui s'attachent aux ruines, qui s'attachent au malheur.

Henri de Béthune, qui s'était toujours occupé de son diocèse, et qui avait fondé pour lui la congrégation des filles de Sainte-Marie et un collége des Jésuites à Fontenay-le-Comte (3), n'oublia pas non plus le dessèchement des marais, dont l'origine remonte au douzième siècle. Au quatorzième et au quinzième, les travaux furent interrompus par les guerres avec l'Angleterre, et les

---

(1) *Histoire du Poitou*, par THIBAUDEAU.
(2) *Manuscrits de* DOM FONTENEAU.
(3) *Nova Gallia christiana*, tom. II, col. 1377.

eaux reprirent, pour ainsi dire, les terres qui leur avaient été enlevées. Ce ne fut que vers 1540 que l'on fit quelques travaux dans les environs de Saint-Michel; encore furent-ils interrompus par les guerres de religion, qui vinrent tourmenter le Poitou. Ces ouvrages ne furent repris que sous Henri IV, en 1599; il fit venir de Hollande Humfroy Bradley, qui vint avec quelques hommes de son pays, sous le titre de maître des digues du royaume. Bradley commença; mais il prétendit que les marais desséchés devaient lui appartenir; alors des contestations survinrent, et avec elles on vit les travaux s'interrompre et se perdre. En 1641, il se forma une société de desséchement : Pierre Siette dirigea les travaux, et fit dessécher les marais de Moureilles, du Petit-Maillezais et lieux circonvoisins. Ces marais furent appelés le Petit-Poitou. En 1642, Henri de Béthune fit des arrangemens avec le président François Brisson, qui lui céda tous les marais inondés dépendant de Maillezais, avec promesse de les faire dessécher dans quatre ans (1). Alors

(1) *Manuscrits de* PRÉZEAU.

il se forma une autre société pour exécuter les travaux ; mais tous ceux qui avaient quelques droits, soit de parcours, soit de propriété sur les marais, firent entendre des plaintes. Ce fut alors que les propriétaires obtinrent de faire eux-mêmes les desséchemens, sous la conduite du sieur Petit (1).

L'un des fils de Nicolas Rapin était alors parmi les moines de Maillezais ; car le célèbre poète ne l'oublia pas dans le testament qu'il fit à cette époque : c'est ainsi qu'il en parle : « Quant à mon fils François Rapin, religieux engagé à Maillezais, qui demeurera mieux partagé qu'aucun, s'il sait demeurer attaché à sa profession et conserver son bénéfice, je l'exhorte de vivre en amitié avec sa sœur, et l'aimer, secourir et assister, et servir en ce qu'il pourra pour la maintenir et lui conserver son bien ; et combien que je ne le puisse obliger à ce que j'ordonnerai du revenu de son dit bénéfice, qui est le meilleur moyen d'entretenir notre famille, et d'autant qu'il n'est raisonnable qu'il ait tout, je le condamne donc à donner tous les

---

(1) ALLARD DE LA RESNIÈRE, p. 8 et suiv. de son *Mémoire sur le marais de Bessines*.

ans à ma fille, sa sœur, 500 livres; au petit posthume Rapin, 300 livres pour ses études; au petit Nicolas Rapin, fils de feu Nicolas Rapin, mon fils, tous les ans 150 livres; à la petite Anne Rapin, 150 livres; à Laurent Pien et Marie Joubert, tant qu'ils vivront, tous les ans 50 livres; audit Petit-Jean Cybart, tant qu'il vivra lui et sa femme, 30 livres; audit Charles Guilloteau, tant qu'il se tiendra au service de notre famille, tous les ans 50 livres. Le parsus du revenu du dit bénéfice suffira honnêtement audit François Rapin, s'il est tel qu'il doit être (1). »

Ce fut en 1646 que Michel Baudry, grand-prieur de l'abbaye, fit imprimer à Paris le *Manuel du cérémonial ecclésiastique*. Ce volume in-4° était dédié à Charles de Montchal, archevêque de Toulouse (2).

La même année, celui qui s'était occupé toute sa vie de son diocèse, Henri de Béthune, jette un dernier regard sur son évêché, sur son église en deuil; car il les laisse pour les transmettre à un évêque de Saintes, à ce Raoul de la Guibourgère,

---

(1) Dreux-Duradier, tom. V, p. 451 et 452.
(2) Anciau, tom. I, p. 258 et 259.

qui doit venir à Maillezais pour voir un peuple dispersé, un ordre qui finit, une existence qui s'efface. Dernier évêque sous les cloîtres de Saint-Pierre, il conduira son deuil et le verra mourir : c'est l'homme des adieux. Avant d'entrer dans l'ordre ecclésiastique, avant de s'asseoir sur ce siége qui se brise et qui tombe, Raoul avait été conseiller au parlement de Bretagne, sénéchal et maire de Nantes; trois fois il avait été envoyé près du roi par les assemblées de sa province. Dans ces diverses circonstances, il s'était distingué par son zèle et son amour pour le bien public, c'est pourquoi Louis XIII l'admit au nombre de ses conseillers (1).

Maillezais n'est plus alors qu'une bourgade dévastée; on y voit peu de maisons, peu d'habitans : plus de collége, de séminaire, d'hôpital; quelques moines seulement, qui demeurent pour vivre et pour prier ensemble (2). Si l'évêché lui reste pour quelque temps encore, c'est que la ville de Fontenay n'a pas voulu succéder à la cité des ruines. La raison fut étrange : après une longue

---

(1) *Nova Gallia christiana*, tom. II.
(2) *Bulle d'Innocent X*, p. 34.

délibération, la ville qu'on voulait favoriser, déclara qu'elle ne voulait pas d'évêque, de chanoines, de peur que leur présence ne fît enchérir les légumes, ne fît enchérir la viande et le pain.

Alors on songe à La Rochelle, entourée par d'épaisses murailles, elle renferme une population nombreuse, d'immenses richesses, des églises, des couvens (1); et puis d'ailleurs, d'après les avis de Mazarin, il est bon d'ajouter à sa chute; il sera bien de voir dans son grand temple les pompes de l'Eglise romaine. Pour parvenir à ce but, la sécularisation de l'abbaye et le départ de son évêque sont confirmés de nouveau.

Dans sa bulle de proscription, le pape Innocent X enlève à Maillezais son titre de cité, qu'elle avait acquis dans un jour de faveur, qu'elle perdit dans un jour d'adversité (2). Pour la destruction de Maillezais, Louis XIV vint en-

---

(1) *Oppidum Rupellense, circuitu amplum, muris circumdatum, domibus magnificum, habitatoribus repertum et opibus abundans existere, et in eo plures ecclesias, conventus. Bulle d'Innocent X*, p. 33.

(2) *Bulle de translation*, p. 33.

suite ajouter sa voix à celle du pape, et lui dire : « Nous transférons la manse capitulaire dudit Maillezais en la dite ville de La Rochelle avec tous et chacuns les droits et revenus qui lui appartiennent, et, de l'avis de la reyne régente, notre très honorée dame et mère, nous avons, de notre grâce spéciale, pleine puissance et authorité royale, approuvé et confirmé, approuvons et confirmons par ces présentes, signées de notre main, les bulles de nos saints pères les papes; voulons et nous plaît qu'elles sortent leur plein et entier effet; même que notre amé et féal conseiller en nos conseils, messire Jacques Raoul, premier évêque dudit évêché de La Rochelle, jouisse de tous les honneurs et prérogatives attribués audit évêché de La Rochelle, et que ledit chapitre de Maillezais soit incessamment transféré en notre dite ville de La Rochelle. Si donnons en mandement à tous nos amez et féaux conseillers, les gens tenans notre cour de parlement de Paris, que ces présentes nos lettres ils ayent à faire enregistrer, et du contenu en icelles et des bulles jouir et user pleinement, paisiblement et perpétuellement ledit sieur Raoul, premier évêque dudit lieu de

La Rochelle, et ses successeurs, cessans et faisant cesser tout trouble et empêchement au contraire, car tel est notre plaisir ; et afin que ce soit chose ferme, nous avons fait mettre notre scel ausdites présentes. Donné à Paris, au mois d'août, l'an de grâce 1648. *Signé* Louis (1). »

Ce fut en effet cette année que Jacques Raoul de la Guibourgère fut nommé premier évêque de La Rochelle (2); mais il en prit vainement possession, le 18 octobre de la même année, dans le grand temple ; il retourna à Fontenay, non loin de ce Maillezais, qu'il semblait ne pouvoir plus quitter dans ses jours de détresse.

Les bulles et l'ordonnance de sécularisation ayant été portées au parlement, le procureur général prit la parole en leur faveur, et la cour décida que les volontés du pape et du roi seraient registrées à son greffe, pour être exécutées selon leur forme et leur teneur. Cette résolution fut prise le 7 septembre 1650 (3).

Néanmoins, l'agonie de Maillezais se prolonge

---

(1) *Recueil de Bulles*, p. 44 et 45.
(2) Arcère, tom. I, p. 240.
(3) Arrêt de la Cour du parlement.

toujours; l'antique abbaye est si puissante, elle est si forte; il semble qu'elle ne puisse finir. Pour la conduire à sa dernière journée, pour qu'elle périsse, il faudra des atteintes plus fortes, aussi, le 30 mai 1664, Louis le Grand se lève de nouveau contre l'évêché de Maillezais : « Que son chapitre et son couvent disparaissent, dit-il, qu'ils soient sécularisés (1). »

Alors le courage vint à quelques hommes; il faut citer leurs noms, de l'abbaye, de l'évêché, ce sont les derniers amis, les derniers défenseurs. Jacques Tanoarn de Couvran, prieur de Vouvent et d'Ardin, Alexandre Vaillant, prieur de Saint-Pierre d'Oleron et de Notre-Dame de Bourgenai, et Pierre Caron, prieur de Saint-Pierre-le-Vieux, formèrent opposition à l'enregistrement de la bulle, parce qu'elle portait union des bénéfices dépendant de l'abbaye de Maillezais (2). Le parlement de Paris, sans s'arrêter à ces plaintes, décida, le 7 mars 1665, qu'il serait passé outre à l'enregistrement des bulles et lettres-patentes données pour la sécula-

(1) *Lettres-patentes du roi*, p. 52.
(2) Arcère, tom. II, p. 489.

risation du chapitre de Maillezais ; car les opposans, qui jouissaient de leurs bénéfices pendant leur vie, n'avaient par conséquent aucun droit de se plaindre (1).

Malgré ces revers, les religieux bénédictins de de la congrégation de Saint-Maur, ces protecteurs dévoués des biens et des maisons de tout leur ordre, ne lui firent pas faute. Ils la défendirent ; mais la lutte fut inutile (2) ; Raoul n'existait plus, déjà depuis trois années il était mort ; d'ailleurs, trente années de retard et de lutte avaient épuisé tous les courages, toutes les forces. Le jour fatal s'avance, il est arrivé ; car, le 16 novembre 1666, la bulle de sécularisation ou de mort est fulminée par l'évêque de Poitiers, commissaire du Saint-Siége. En présence de l'évêché désert, de l'abbaye détruite et condamnée, il fut ordonné aux chanoines ci-devant réguliers de quitter l'habit des moines, ce costume des bénédictins si connus sur la terre du Poitou. Ces hommes de la solitude, les voilà donc libres, les voilà de retour au premier jour de leur vie

---

(1) *Arrêt du parlement*, p. 61.
(2) *Manuscrits de* FONTENEAU.

sous ces cloîtres qu'ils avaient juré de ne quitter jamais (1).

Le même jour, après midi, l'évêque de La Rochelle et Jean Pigeaud, grand-archidiacre, Jean de Savonnière, chantre, Hilaire d'Hillerin, sous-chantre, Jean Boursaud, chancelier, François Dappeau, Jean Petit, Charles-Pepin Dufresnil, se rassemblent dans une des salles de l'abbaye. Après y avoir parlé, délibéré pour la dernière fois, ils nomment leur doyen, décident leur départ; puis l'assemblée se sépare, et l'abbaye et l'évêché pour toujours disparaissent avec elle (2): des habits qui se laissent, des projets qui finissent, des résolutions qui se prennent, et des hommes qui rentrent dans un monde qu'ils avaient promis de ne plus revoir, telle fut leur dernière journée.

Cependant quelques moines furent fidèles à leur vœu, fidèles à leur église; ils ne voulurent point reprendre la liberté donnée; ils aimaient à fouler en paix des dalles solitaires, à prier à des autels en deuil. Assis sur les débris d'une existence qui leur fut toujours chère, ces vieux moines, atten-

(1) *Manuscrits de* FONTENEAU.
(2) *Ibid.*

dirent en paix, sans regrets et sans hâte le moment de mourir. Le siècle n'avait pas changé, que leur cendre ignorée gisait dans la poussière (1).

Maintenant dans ce Maillezais, jadis si pompeux, dans ces lieux où les comtes du Poitou se sont reposés tant de fois, dans ces lieux visités par les Rabelais, les Sully, les Henri de Navarre, que va-t-il rester des cloîtres silencieux? des murs qui menacent, des voûtes qui s'enfoncent, et des lierres qui grimpent pour enlacer des autels déserts, des chapiteaux battus par les vents. Là, où tant de cérémonies religieuses s'accomplirent, que va-t-on retrouver? un modeste curé et de pauvres vicaires, pour que les souvenirs de l'église et de Dieu ne périssent pas tout entiers sur cette terre sacrée (2).

En 1720, les contreforts de la magnifique cathédrale étaient encore debout, et surmontés par de belles statues; cependant ce n'était plus qu'un triste spectacle : des pigeons voltigent dans les clochers qui s'écroulent, les voûtes s'en vont une à une, car l'évêque de La Rochelle les dédaigne.

(1) *Manuscrits de* FONTENEAU.
(2) *Ibid.*

A quoi bon les lambeaux d'une église, des festons, des rinceaux mutilés, des ogives qui tombent? Quant aux fermiers, des cours et des greniers pour les grains, voilà ce qui les occupe ; ils soignent aussi le grand four et sa grande cheminée, qui s'élève si haute et si ronde, car il leur faut un grand nombre de pains ; ils en donnent en effet, non pas aux pauvres seulement, mais à l'île tout entière. Depuis la fête de Noël jusqu'à la Saint-Jean-Baptiste, les fermiers, par leurs baux, étaient obligés de fournir, tous les vendredis, deux livres de pain à chaque habitant des diverses paroisses de l'île. Les riches envoyaient leurs domestiques recevoir pour eux l'offrande accoutumée. Tout le peuple s'y rendait ; on y portait même les enfans à la mamelle, car il fallait comparaître en personne pour avoir son aumône. Cette habitude était très ancienne : aussi les riches comme les pauvres ne voulaient point perdre ce vieux droit, qui semblait les dédommager de ce qu'ils payaient à leur évêque, la quatrième partie du blé qu'ils récoltaient (1).

(1) *Manuscrits de* FONTENEAU.

Un jour, le grand four resta vide, dans la haute cheminée la fumée ne tourbillonna plus; le peuple resta longtemps dans ses tristes cabanes : pourquoi sortir? plus d'aumône à la fin du voyage; elle aussi, partie comme les anciens moines, comme la vieille abbaye. Alors la misère devint grande dans l'antique domaine des bénédictins; alors le peuple, dont les souvenirs sont si vivaces, ces hommes pour qui l'histoire n'est pas dans les livres, mais dans leurs âmes naïves, songèrent avec amertume à ceux qui du moins pensaient à leurs besoins, pensaient à leurs douleurs.

Après avoir été condamnée au silence, la pauvre abbaye fut destinée à périr pièce à pièce. Les évêques de La Rochelle, qui ne l'ont jamais vue, qui ne devaient jamais la voir, la dédaignent et l'oublient; aussi les nobles clochers, les riches ciselures de la triste cathédrale, sont livrés sans regrets, aux marteaux qui frappent et qui renversent.

A la révolution qui brisa tant de choses, la destruction marcha vite. Alors, quand un habitant de Maillezais s'imagine qu'il doit bâtir, c'est à l'abbaye qu'il va chercher du sable et des pierres; chaque jour un pan de muraille se détruit, les pavés disparaissent, les voûtes se descendent.

Quand l'église de Saint-Pierre eut été convertie en carrière, l'on y trouva plusieurs tombeaux. L'un d'eux représentait un abbé, un autre représentait une femme; mais point de dates, point de noms. Ensuite l'on découvrit une statue couverte de vêtemens religieux; c'était sans doute l'un de ces hommes pieux qui vivaient et mouraient avec joie dans les retraites consacrées à Dieu. Ce fut peut-être aussi l'une de ces victimes dévouées au malheur, qui conservaient, dans des cloîtres qui n'étaient pas faits pour elles, des peines éternelles, causées par un monde qu'elles ne pouvaient oublier.

Longtemps la tombe d'un guerrier exista dans toute son intégrité sous une couche épaisse de décombres; malheureusement, des ouvriers creusent toujours, et ils arrivent là où repose la curieuse statue; elle est bien belle, on l'admire; mais un barbare est là qui commande, et s'écrie, dans sa joie stupide : « Otez ce grand portrait! taillez, que la pierre soit unie; taillez longtemps! » Alors l'habitant des marais prend et reprend son marteau fatal; la tête du guerrier tombe, son épée se brise, sa poitrine vole; et quand ce n'est plus qu'une pierre blanche et polie, on la traîne, on la place près d'une porte, et l'homme ivre qui passe peut déposer à tout moment sa bave dégoûtante sur le noble débris qui fut sans doute un comte de Poitou, un chef de l'Aquitaine.

C'est ainsi que chaque année, chaque jour enlevaient à l'ancienne cathédrale quelque chose de sa gloire, de ses vieilles parures. Quand son abside n'exista plus, quand la magnifique fenêtre ou *roue* qui se trouvait à l'extrémité méridionale de la croix fut tombée sur la terre, brisée, mutilée; quand les festons de la grande fenêtre ogivale ne sont plus qu'un souvenir, on chercha de nouveau dans les entrailles de la cathédrale; on chercha, et l'on découvrit la statue du célèbre Goderanne dont nous avons parlé avec détails au commencement de cette histoire.

Après la rencontre de l'évêque de Saintes, de jeunes hommes se prirent d'un amour sacré pour l'antique abbaye; ils se réunirent et se groupèrent ensemble comme les moines de la cathédrale dont ils cherchaient les restes ; alors MM. Bastard, Baugier, Briquet, Eugène Frappier et Charles Arnauld voulurent dérober au marteau des maçons les derniers débris qui pouvaient rester encore dans le sein de l'église autrefois si splendide.

CHAPITRE XVII.

—

Les fouilles commencent. — Ce qu'on y découvre. — Gefroy de Lezignem. — La foule arrive de tous côtés. — Des feux sont allumés au haut des tours. — Découverte de plusieurs tombeaux. — Eudes ou Odon, duc d'Aquitaine. — Le puits sacré. — Description de l'église. — Ce que l'on fait aujourd'hui de ses restes.

Au mois d'avril 1834, par un beau soleil, dans l'enceinte de la cathédrale, se pressent de nombreux ouvriers; ils cherchent, car là sont ensevelis de curieux vestiges, car là reposent des cendres augustes, des comtes qui pouvaient être empereurs. Après la découverte de Goderanne, après son anneau et sa crosse pastorale, l'espérance est si grande ! Cependant le premier jour, les terres furent remuées, vainement : point de murs, point d'église. Où va-t-elle commencer? l'abside a disparu; plus de chapelles circulaires, plus de statues pour voir les travaux qui commencent, les travaux qui s'achèvent.

Enfin, après un long jour d'attente, tout-à-coup on arriva dans ce chœur magnifique, témoin jadis des plus somptueuses cérémonies. Alors notre moisson devint belle; de tous côtés se pressèrent pêle-mêle les chaînes entrelacées, les grimaçans modillons. C'est là que se sont offertes les nombreuses rosaces de la poétique renaissance; c'est là que nous avons rencontré à tous momens des traces du style grec, et de ces pierres où l'on voit empreintes des oves toujours si gracieux. Dans ces débris gisaient des écussons; l'un d'eux, surmonté d'une crosse, est entouré de guirlandes d'épines, symbole de la souffrance. Ces écussons, ils étaient suspendus au sommet des voûtes, où venaient se réunir les élégantes nervures qui glissaient le long des arceaux, dont ils formaient les arrêtes et relevaient l'ensemble. Ces pierres taillées et ciselées d'après les caprices du blason, on les plaçait ainsi dans les lieux où tout venait se grouper pour y concentrer également les regards de la foule sur les armes de l'abbé, de l'évêque ou de l'homme puissant dont le zèle avait édifié ou paré la noble cathédrale.

Bientôt nous découvrîmes deux pierres bien belles, surtout celles où deux anges aux ailes éployées soutiennent par un cordon suspendu à leur cou des fleurs et des fruits, parmi lesquels on distingue des grenades entr'ouvertes. Ces bas-reliefs sont du style moderne ; ils appartiennent à la renaissance, à l'an 1520 ou 1530.

Pêle-mêle avec ces sculptures gisaient deux têtes de mort, effrayantes d'exactitude, de vérité et de laideur : c'est une grande pensée venant d'un grand artiste bien sombre et bien fatigué. Les ailes sont formées par des feuilles d'acanthe terminées en volute, ce qui indique le commencement du seizième siècle.

C'est alors qu'on découvrit la tête du célèbre Gefroy de Lezignem, dont l'énergie est si prononcée, qu'il semble exciter ses soldats à brûler l'abbaye rebelle à ses caprices. Une autre tête, dont le caractère avait quelque chose d'antique, représentait une jeune femme à la chevelure ondoyante, un collier flottait autour de son cou ;

que représentait-elle, on l'ignore? Nous trouvâmes ensuite la tête d'un guerrier; son large front est chargé de pensées soucieuses, funestes, mais il est résigné, et il marche dans sa voie de douleur impassible et ferme. Près de cette tête remarquable, il y avait un ange, portant un écusson où sont des lions léopardés. Nous fûmes riches en sculptures de ce genre; malheuseusement, elles ont horriblement souffert; il n'en reste que des débris, entre autres, celui d'un ange.

Après une figure de moine, peinte en jaune et sans aucun mérite, nous aperçûmes une femme au nez aquilin, à la physionomie religieuse; une large bande passait sous son cou. Sous ces débris, à trois pieds sous terre, gisait un cercueil en plomb, de six pieds de longueur; il n'y avait absolument que des os, pas le plus petit renseignement.

Le ciel était pur, les travaux marchaient sans relâche: aussi les pelles qui creusaient jusqu'au soir, les brouettes qui roulaient, mettaient sans cesse au grand jour quelque chose de la cathédrale, chaque moment nous dévoilait ses grandeurs d'autrefois, et rendait à la lumière les dalles, cachées depuis deux siècles. Tantôt des modillons, des rosaces, des têtes, tantôt la forme intérieure de l'église, la base de quelques piliers; et le chœur, le voilà dans quelques-uns de ses détails, mais mutilé; ici, une porte extrêmement étroite, pour communiquer avec le reste de l'église; ici, à gauche et à droite, deux petits appartemens, dans l'un desquels l'on voyait le commencement d'un escalier qui conduisait sans doute aux galeries et au jubé; là, tout autour, un faible mur se soutenant à peine, à ses pieds des pierres dévorées par le feu, des poutres charbonnées, des boiseries réduites en cendre. L'incendie avait été si dévorant, la commotion si violente, que des colonnes à demi calcinées avaient tournoyé sur leurs bases ébranlées. A la vue de tant de ruines et de trouble, il était impossible de ne pas éprouver de pénibles sensations.

Alors de la vieille abbaye la renommée revint au monde, sa réputation fut tout-à-coup splendide; les dames surtout, les dames, dont l'imagination poétique s'anime si vite, les dames lui firent foule; elles arrivèrent de loin, avides, empressées, pour voir de remarquables débris, pour contempler du haut des tours les ouvriers qui se meuvent sur des dalles foulées par tant de siècles. Quand l'heure du départ avait sonné pour les ouvriers, on en vit se complaire à remuer, à brouetter des terres; on les vit vers le soir monter au haut des tours, et contempler à l'horizon la foudre qui s'approche, les éclairs qui flamboient. Ensuite de jeunes hommes arrivaient; plus audacieux, ils montaient sur des pans de muraille, ils ne craignaient pas de se glisser dans les entrailles de la terre et d'y ramper dans des conduits inconnus. Longtemps ils se dérobaient aux regards, qui les revoyaient ensuite, et semblaient surpris de leur retour et de tant d'audace.

Une fois ensuite dans la cave salée, dans cet immense souterrain si sombre, des lumières furent placées de distance en distance; alors, par une pente rapide, des femmes descendirent. Dans ce moment, il fut beau de les voir, avec leurs têtes gracieuses et leur marche incertaine, s'avancer sous des voûtes humides, dans l'obscure demeure.

Frappés par tant de spectacles divers, nous voulûmes, nous aussi, les fêter, ces nobles ruines;

pour elles nous fîmes porter au sommet des tours les roseaux qui naissent à leurs pieds ; nous y fîmes porter aussi les branches des peupliers et des saules qui croissent sur les terrées de la Sèvre ; puis, quand la nuit fut bien noire, des flammes s'élevèrent et grondèrent, et la pauvre cathédrale s'illuminant au loin des feux qui la dominent, ses murs, déchirés par le temps, parurent tout-à-coup ; alors il sembla les voir, au milieu des orages et de la guerre, dévorés par l'incendie, sillonnés par la foudre ; mais, bientôt tout s'enfonça dans l'ombre et la profonde nuit.

Au sortir du chœur, des bas-reliefs étalèrent à nos yeux la sculpture dans tout ce qu'elle a de plus élégant, de plus gracieux : là, deux anges à la chevelure bouclée étaient tournés l'un vers l'autre ; ils semblaient se sourire au milieu des guirlandes, des rubans, des fleurs et des fruits ; là, dans deux niches, deux enfans d'un travail achevé ; au-dessus de leur tête, deux élégantes corniches et un dôme.

Après quelques jours d'attente, le moment des tombeaux commença ; nous déterrâmes des os gigantesques, qui prouvent que les hommes étaient alors d'une taille bien plus élevée que celle de notre temps. Dans l'un des tombeaux, il y avait un vase presque entièrement brisé ; il ressemblait aux pots de lait du Bas-Poitou ; dans ce vase étaient des charbons qu'on avait allumés au moment de l'inhumation, pour y jeter des parfums, et pour éviter les exhalaisons de la mort. Dans un autre tombeau, il y avait un vase en étain avec une anse et un couvercle : cette forme ne se présente presque jamais.

Un peu plus loin que Goderanne, gisait une statue qui représente un guerrier sous les armes ; c'est sans doute le comte du Poitou nommé Eudes ou Odon, dont nous avons parlé au commencement de cette histoire. En effet, au onzième siècle, les guerriers portaient la pesante armure des Normands, ou cotte de maille, qui les couvrait des pieds à la tête (1). Or, la tombe que nous avons retrouvée en est enveloppée ; elle appartient donc à un guerrier mort sous les armes, et par conséquent au prince tué devant Mauzé. La statue d'Eudes ou d'Odon a considérablement souffert

---

(1) Le Noir, tom. I, p. 187.

dans l'éboulement des voûtes ; les pieds, les jambes et la tête ont été cruellement mutilés, la peinture presque entièrement effacée ; cependant la poignée de l'épée avait encore quelques restes de dorure, la cotte de maille était noire. Cette habitude de peindre les armures funèbres s'est conservée jusqu'au seizième siècle (1) ; elle nous vint de l'Orient, les croisés nous l'apportèrent ; aussi les mausolées que saint Louis fit ériger aux rois, ses prédécesseurs, furent enrichis de brillantes couleurs ; le soin même pour quelques-uns de nos rois fut porté à un tel point, que les statues furent dorées et coloriées au naturel (2).

Non loin d'Eudes ou d'Odon se trouva une autre tombe dont la forme n'était plus celle des autres ; c'était une masse de pierres dont les côtés étaient couverts de peinture, et où l'on voyait un ange sonner de la trompette ; il y avait aussi un cercle, dans lequel nous avons découvert un reste d'inscription, c'est-à-dire un C et un A.

Près d'arriver au terme de nos fouilles, nous avons creusé jusqu'à l'endroit où la cloche a été

---

(1) Le Noir, tom. I, p. 218.
(2) *Ibid.*, tom. VII, p. 133.

fondue. La chemise du moule était assez bien conservée; son diamètre avait trois pieds cinq pouces. Enfin nous rencontrâmes le puits sacré, que l'on voyait dans les églises au dixième ou onzième siècle, le puits dont les eaux merveilleuses opéraient, dit-on, de nombreux miracles. Au milieu des immondices qui l'encombraient, nous avons trouvé, non sans surprise, des os de singe, un trépied en cuivre, une épée brisée.

L'intérieur de l'église entièrement déblayé, nous en avons fait lever le plan, le voici : à l'aide de ce qui reste et de la tradition, il est facile de rétablir la basilique de Maillezais telle qu'elle fut aux jours de ses magnificences. De cette église la destinée fut bien grande ; vainement l'incendie s'acharna sur ses flancs, vainement le terrible Gefroy la saisit et l'ébranle ; pendant longtemps elle fut toujours jeune, toujours une vie nouvelle circula dans ses veines, toujours elle grandit, toujours des parures s'ajoutent à ses parures ; rien de beau, rien de grand ne paraît ici-bas qu'elle ne le prenne, qu'elle ne s'en empare. La porte du fond n'étant plus assez belle, c'en fut une autre, que l'on ouvrit au midi avec un péristyle, un perron de

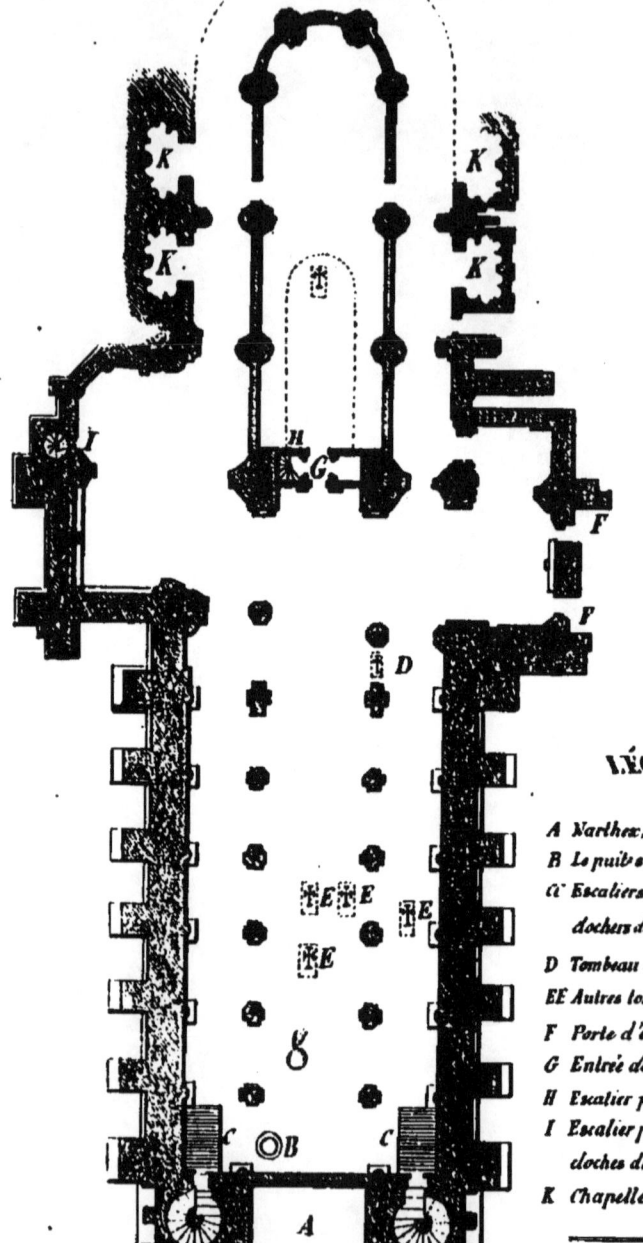

Plan de l'église de Maillezais.

brillantes couleurs; près de là se trouvait la chaire dans toute son élégance, dans toute sa perfection : là, des galeries, des plafonds, des rosaces, de riches boiseries, là, le jubé dans cette chapelle élevée à la mémoire des saints, dans ce sanctuaire sacré, impénétrable à la foule et aux regards. Que de mystères, de grandeur et de joie dans ces nuages d'encens qui fument et s'élèvent, dans ces chants solennels, dans cette voix de l'orgue, qui se mêle à tous ces bruits! quelle majesté dans ce clerc, au milieu de la solennité, vêtu d'une robe éblouissante, qui vient au haut de la tribune, pour annoncer au peuple les paroles de vérité! il disparaît ensuite pour reparaître encore. Il y avait non moins de poésie dans la porte du jubé, qui s'entr'ouvrait quelquefois comme un voile pour laisser voir un autel splendide, des lumières et des lévites dans toute leur pompe.

En descendant du côté du couchant, du côté des tombeaux, l'intérieur devait être moins majestueux; les bas-côtés étaient trop resserrés; on l'oubliait vite à la vue des comtes, des guerriers, des prélats, qui tous, rassemblés dans cette partie de l'église, dans cette auguste Nécropolis, rappelaient tant de noms, de grandeurs éclipsées ; puis, au-dessus de la voûte qui s'étendait sur ces cendres glacées, il y avait une autre église pour frapper les regards (1). Au-dessus apparaissait ensuite la partie la plus intéressante de Saint-Pierre, sept clochers s'y plongeaient dans les airs avec une indicible majesté; là, au couchant, dans le fond, trois tours à quatre pans, et aux angles de la croix quatre flèches élancées.

Debout, au sommet des contreforts, s'élevaient des statues, les martyrs de la foi, qui semblaient contempler et défendre la magnifique basilique ; du côté du nord, une immense ogive, qui existe encore, étalait aux regards les contours les plus gracieux ; du côté du midi, la noble façade était parée d'une rose, que le soleil à son midi contemplait face à face. Oh ! qu'elle était belle la sainte basilique, quand le soleil du midi la saluait de ses rayons ! oh ! qu'elle était solennelle quand la nuit, au clair de la lune, elle se mirait dans les flots qui folâtraient à ses pieds ! oh ! qu'elle était belle quand ensuite, aux jours

---

(1) *Manuscrits de* M. DE LA FONTENELLE.

des orages, elle plongeait sa tête si calme et si paisible dans les sillons de la tempête ! Mais Dieu finit pas détourner la tête ; les ondes disparurent, les évêques s'éloignèrent. Bientôt, sapée dans ses fondemens, la noble église chancela, dans ses entrailles brûlantes et calcinées les morts tressaillirent, leurs ossemens se heurtèrent. Debout encore, la victime pouvait se ranimer ; mais non, destinée à périr, on la laisse, on la donne ; sa noble rose est décimée ; ses flèches sont sapées dans leur base, sa tête fléchit et pencha, mais en tombant elle lança des torrens de poussière, la terre trembla, les sources tarirent (1). Depuis lors, pantelante et broyée, ce n'est plus qu'un cadavre ; depuis lors hissés le long de ses colonnes, enlacés autour de ses chapiteaux, accroupis sur ses tombes, des hommes brisèrent et jetèrent sous les pieds des chevaux, dans la fange des marais, des pierres sculptées, des modillons, des têtes, des rosaces. Toutes les maisons du pays, toutes les cabanes qui s'élèvent sur les bords de la

---

(1) Tradition du pays.

Sèvre, d'où viennent-elles? de la riche cathédrale ; c'est elle qui a tout fourni, tout construit.

Cependant, ô Maillezais, de tes splendeurs passées il reste quelque chose; le musée de Niort possède des tombeaux curieux, d'élégantes sculptures; le grand mur du nord, une partie de la croix, une immense ogive, le narthex sont debout, et au fond, l'on peut gravir dans la vieille tour, où résonnèrent tant de fois les bruits de l'abbaye.

Nos travaux terminés, la foule s'écoula ; et après elle, les débris témoins de tant de gloire et de tant de chutes rentrèrent dans l'ombre et l'éternelle solitude. Seulement, comme au quatorzième siècle, de noires corneilles viennent y chercher un asile, y déposer leur couvée; puis, de temps en temps, les oiseaux du carnage arrivent pour mêler leur cri sauvage au murmure des vents, qui s'agitent et se brisent sur des murs dévastés, mais admirables encore.

TABLE SOMMAIRE.

CHAPITRE I.

Maillezais. — Les Colliberts. — Le duc d'Aquitaine et son épouse Emma. — Construction d'une église. — Querelles de Guillaume et d'Emma. — Consécration d'un monastère. — Son établissement à la fin du dixième siècle. — Un Italien vient à Maillezais. — Sa mort. — Guillaume V et Théodelin. — Ses différends avec l'abbé de Bourgueil, leur réconciliation. — Proposition faite à Théodelin par le duc d'Aquitaine.

CHAPITRE II.

Conduite de Théodelin. — Son entretien avec Guillaume ou Wilhelm. — Il obtient la destruction du château. — Construction d'un nouveau monastère. — Description de l'église. — Voyage de Théodelin à Saint-Jean-d'Angély. — Les reliques de saint Rigomer. — Le duc d'Aquitaine vient à Maillezais. — Il y meurt. — Ses obsèques. — Malheurs de Théodelin. — Sa mort.

CHAPITRE III.

L'abbé Humbert. — Les hommes d'armes. — Les sergens. — Les rustres. — Mort d'Humbert. — Nomination des abbés. — Leur conduite pendant leur vie et à l'heure de la mort. — Association des moines. — Leur manière de vivre. — Leurs travaux. — Leur costume. — Discipline du onzième siècle. — Organisation des monastères. — L'abbé. — Le sous-abbé. — Le prieur. — Le doyen. — Le sacriste. — Le camérier. — L'infirmier. — Le bibliothécaire. — Établissement et destruction des Bénédictins.

CHAPITRE IV.

Goderanne. — Sa naissance, son courage. — Il est nommé abbé de Maillezais et évêque de Saintes. — Origine des assemblées politiques. — Le chroniqueur Pierre. — Mort de Goderanne. — Ses funérailles. — On lui élève un tombeau. — Sa découverte après huit siècles. — Ce qu'on y trouve. — Drogon. — Contrats exécutés par des symboles. — Guillaume d'Aquitaine. — Ses donations en faveur de l'abbaye. — La dame Hermangarde. — Gaufred. — Incendie du monastère. — Des donations lui sont faites. — Usages qu'on y observe. — Bulle du pape Urbain II. — L'église supérieure. — Donation d'Hélie de Didone partant pour la Terre-Sainte. — Les lépreux.

CHAPITRE V.

L'abbé Pierre part pour la croisade. — Son retour. — Le duc d'Aquitaine vient à Maillezais. — Correspondance de Pierre. — L'aumône des trente jours. — Le comte du Poitou. — Sa contestation avec les moines. — Un enfant est offert à l'abbaye. — Les novices. — Leur réception. — Catalogue de la bibliothèque. — La querelle relative à l'église de Charron se termine. — Bref du pape Innocent II. — Lettres vidimées de Louis-le-Jeune.

CHAPITRE VI.

Gaudin. — Les avoués ou protecteurs d'abbayes. — Sebran Chabot. — Son jugement. — Henri II, roi d'Angleterre. — Traité conclu avec l'abbaye de Saint-Étienne-des-Vallées. — Pierre de la Garnache à Maillezais. — L'abbé Philippe. — Le Seigneur de Marans. — Aliéno d'Aquitaine. — Le port de Maillé. — L'abbé Guillaume. — Guerres et poésie. — Thibault-Chabot. — Guillaume II. — La charge de queux ou maître de cuisine. — Prospérité des monastères.

CHAPITRE VII.

L'abbé Clément. — Embellissemens de Maillezais. — Raoul de Mauléon. — Bulle du pape Célestin en faveur de l'abbaye. — Départ des Colliberts. — Le prieuré de Ligugé. — Lutte de l'abbaye avec l'évêque de Poitiers. — Elle succombe. — Donations faites à l'abbaye. — L'abbé Étienne. — Dessèchement des Marais. — Geffroy Ier de Lezignem et Guillaume de Valence. — Malheurs de l'abbaye. — Guillaume III. — Il se rend à Rome. — L'abbaye est pillée, ravagée. — Gefroy II, la Grande-Dent. — Mort de Guillaume. — Gefroy reparaît.

CHAPITRE VIII.

Nomination de Rainald. — De nouveaux malheurs accablent l'abbaye. — Discours de Rainald. — Convention faite avec Gefroy. — Elle est bientôt brisée. — Caractère de Gefroy. — Peinture de son époque. — Raynald abandonne Maillezais. — Il se retire à Sainte-Catherine. — Il se rend à Marans, ensuite à Niort. — La France féodale. — Entrevue de Gefroy et de Raynald. — Ce dernier se rend à Rome. — Excommunication de Gefroy. — Il part pour l'Italie. — Traité de paix avec Rainald.

CHAPITRE IX.

Différend entre les abbayes de Maillezais et de Sully. — De prétendus croisés menacent le monastère. — Gefroy la Grand-Dent. — Il part pour l'Orient. — Sa mort. — Sa sépulture dans l'église de Vouvent. — Sa statue dans celle de Maillezais. — Vie de Gefroy d'après les romanciers. — Valence, sa fille unique. — Charte poitevine. — Radulphe ou Raoul. — Alphonse, comte de Poitou. — Dessèchement des marais. — Différens dons sont faits à l'abbaye. — Le chroniqueur sans nom. — Travaux des moines. — Les abbés Pierre et Godefroy. — Testament de Loys de Marans. — Longue série d'offrandes. — Renaud de Pressigny demande des secours. — Ils lui sont accordés.

CHAPITRE X.

Geoffroy ou Godefroy de Ponerelle. — Plusieurs églises sont érigées en cathédrales. — Maillezais devient un évêché. — Bulle d'érection. — Puissances des papes. — Cérémonies qu'on observe au sacre des évêques. — Conservation de l'abbaye. — Guillaume de Sambuti lève des tailles sur les habitans de Niort. — La nouvelle cathédrale est réparée et embellie. — Les évêques Robert et Godefroy de Pons. — Le pape Benoît veut régénérer les monastères de l'ordre de Saint-Benoît. — L'évêque Jean.

CHAPITRE XI.

Eustache et Janvier. — Peste terrible. — Lettres de Sauvegarde. — Des oiseaux voyageurs. — Pierre de Thury. — Jean le Masle. — Son traité avec un Seigneur de Parthenay. — Voyage à Rome. — Dessèchement des Marais. — Guillaume de Lucé. — Thibault de Lucé. — Il assiste aux conseils du roi. — Louis de Roubault. — Louis XI prend sous sa sauvegarde la cathédrale de Maillezais. — Les eaux de la mer disparaissent tout-à-coup. — Jean d'Amboise. — Frédéric de Saint-Séverin.

CHAPITRE XII.

Pierre d'Acolti. — Philippe de Luxembourg. — Élection des évêques depuis leur origine. — L'église dégénère. — L'évêque d'Estissac. — Nombre des religieux. — Ligugé. — L'Hermenaud. — Rabelais. —

Son séjour à Maillezais. — Il s'échappe du monastère. — Sa lettre à d'Estissac. — Jacques d'Escoubleau. — Suppression de la gabelle. — Origine des aveux. — Pierre de Pontlevoye. — Beautés de l'église de Maillezais.

CHAPITRE XIII.

Henri d'Escoubleau. — Guerres de religion. — Des Roches-Baritaut et Puygaillard. — Garnison dans l'Ile de Maillezais. — Sa prise par Henri IV. — Fortifications élevées par Sully. — Massacre de deux régimens. — La cathédrale ruinée. — Surprise de Maillezais par le duc de Joyeuse. — Saint-Pompoint, sieur de Liniers, est nommé gouverneur.

CHAPITRE XIV.

Prise de Maillezais par d'Aubigné. — Il est nommé gouverneur. — Il refuse de marcher avec le roi de Navarre. — Il se décide enfin. — Le cardinal de Bourbon est conduit à Maillezais. — Le duc de Mayenne et la duchesse de Retz voudraient le délivrer. — Lettre de la duchesse de Retz à d'Aubigné. — Sa réponse. — Entreprise pour délivrer le prétendu Charles X. — Entretien de dauphin et de d'Aubigné sur les bords de la Sèvre. — Le cardinal de Bourbon est conduit à Fontenay. — Sa mort. — L'évêque de Maillezais. — Ses faveurs. — Des foires sont accordées à Maillezais. — D'Aubigné se rend à la cour. — Il en revient. — Ce que l'on dit de ce fier gentilhomme. — Il se déclare en faveur du duc de Rohan. — Le Doignon fortifié. — Parabelle vient le visiter. — D'aubigné augmente les fortifications de Maillezais et du Doignon.

CHAPITRE XV.

Sully se rend à Maillezais. — Traité de Loudun. — Le duc d'Épernon. — Constant d'Aubigné vient à Maillezais. — Agrippa est obligé de l'en chasser. — Constant se retire à Niort. — D'Aubigné veut laisser ses deux places. — Lettre de Villeroy. — Réponse de d'Aubigné. — Le président Jeannin. — Le maréchal-de-camp de Vignolles. — Le conseil du roi dépêche deux ministres des requêtes pour traiter avec d'Aubigné. — Il vend ses deux places. — Constant veut revenir à Maillezais. — Il est repoussé. — Départ de d'Aubigné. — Sa mort.

CHAPITRE XVI.

Maillezais se met sous la puissance de Louis XIII. — Priviléges accordés à ses habitans. — Plaintes élevées contre les fortifications de Maillezais par les habitans de Niort. — Henri d'Escoubleau. — Son esprit. — Galanteries des Sourdis. — Henri de Béthune. — Il réside à Maillezais. — Besly. — La chronique de Saint-Maixent. — Urbin VIII veut transférer à Fontenay l'évêché de Maillezais. — Décisions prises par le pape. — Henri de Béthune reste toujours. — Desséchement des marais. — Ordonnance pour que l'évêché soit transféré à La Rochelle. — Des obstacles s'élèvent. — Raoul de la Guibourgère. — Ordonnances de Louis XIV. — L'affaire est portée au parlement de Paris. — Quelques hommes prennent la défense de Maillezais. — Les religieux de la congrégation de Saint-Maure se réunissent à eux. — La bulle de sécularisation est fulminée. — Quelques moines restent à Maillezais. — État de la cathédrale. — Aumônes faites par les fermiers de l'abbaye. — La cathédrale devient une carrière. — On y découvre plusieurs tombeaux.

CHAPITRE XVII.

Les fouilles commencent. — Ce qu'on y découvre. — Geffroy de Lezignem. — La foule arrive de tous côtés. — Des feux sont allumés au haut des tours. — Découverte de plusieurs tombeaux. — Eudes ou Odon, duc d'Aquitaine. — Le puits sacré. — Description de l'église. — Ce que l'on fait aujourd'hui de ses restes.

www.ingramcontent.com/pod-product-compliance
Lightning Source LLC
Chambersburg PA
CBHW060628170426
43199CB00012B/1475